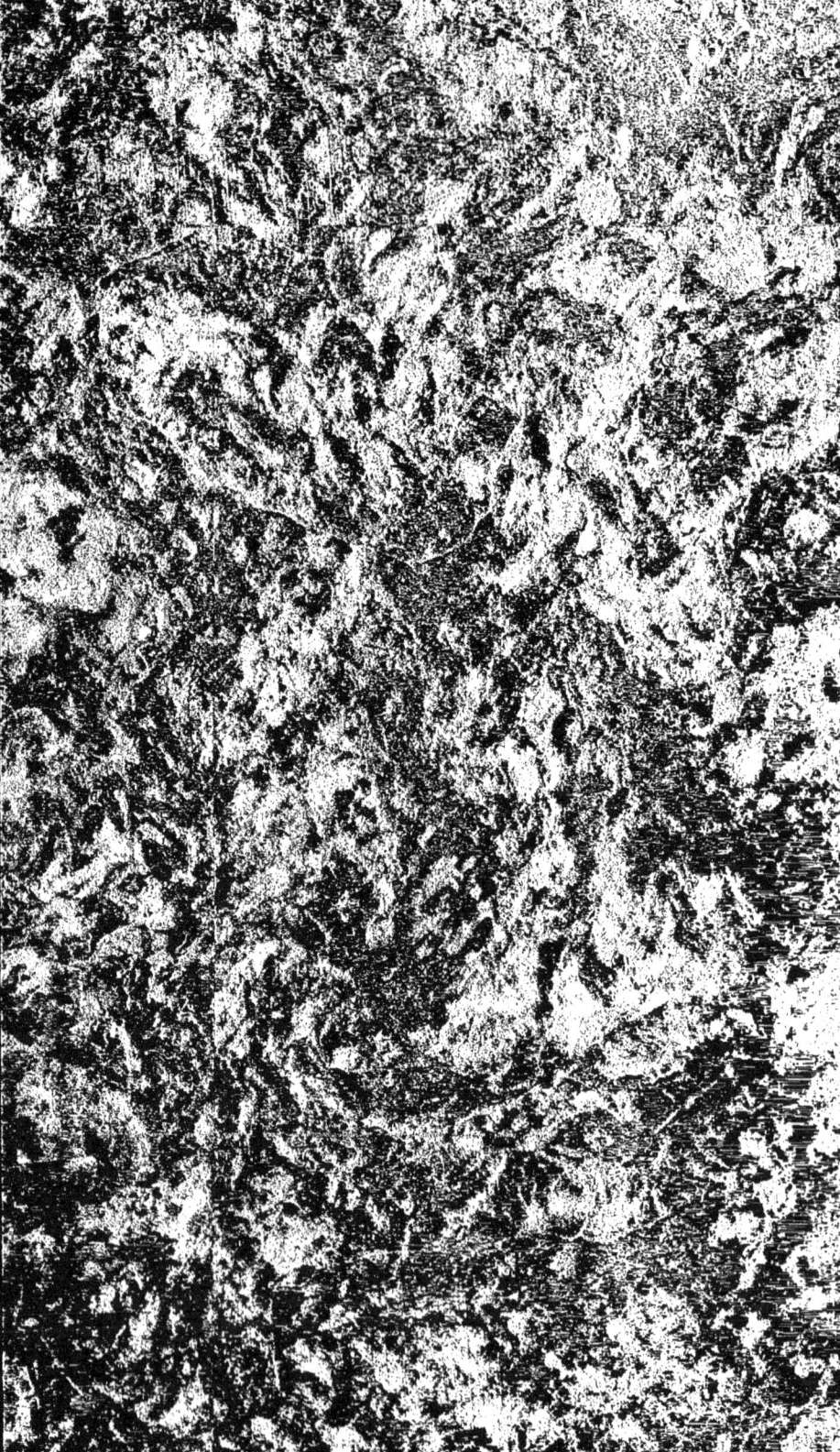

RECUEIL DE VOYAGES
ET DE
DOCUMENTS
pour servir
A L'HISTOIRE DE LA GÉOGRAPHIE
Depuis le XIIIe jusqu'à la fin du XVIe siècle

PUBLIÉ

Sous la direction de MM. CH. SCHEFER, membre de l'Institut
et HENRI CORDIER

II

LE VOYAGE DE LA SAINCTE CYTÉ
DE HIERUSALEM

IMPRIMÉ A ANGERS CHEZ BURDIN ET Cie.

Le Voyage

DE LA SAINCTE CYTÉ DE

Hierusalem

AVEC LA DESCRIPTION DES LIEUX

PORTZ, VILLES, CITEZ ET AULTRES PASSAIGES

FAIT L'AN MIL QUATRE CENS QUATRE VINGTZ

*Estant le siège du grant Turc à Rhodes et regnant en France
Loys unziesme de ce nom*

Publié par M. Ch. SCHEFER,

MEMBRE DE L'INSTITUT

PARIS

ERNEST LEROUX, ÉDITEUR

28, RUE BONAPARTE, 28

M.D.CCC.LXXXII

INTRODUCTION

Le XVe siècle nous a légué de nombreuses relations de pèlerinages en Terre Sainte écrites, pour la plupart, par des Italiens et des Allemands; parmi les relations françaises, cinq seulement ont été livrées à l'impression. Ce sont celles de Nompar II, seigneur de Caumont (1418)[1], de Ghillebert de Lannoy (1422)[2], de Bertrandon de la Broquière

---

[1]. Voyaige d'oultremer en Jhérusalem, par le seigneur de Caumont, l'an M.C.C.C.C. XVIII, publié pour la première fois, d'après le manuscrit du British Museum, par le marquis de La Grange, membre de l'Institut. Paris, 1858, in-8.

[2]. Le voyage de Ghillebert de Lannoy a été publié pour la première fois, d'après le manuscrit de la bibliothèque Bodléienne, par le R. M. John Webb. Le texte français, suivi d'une traduction anglaise, a été inséré en 1827, dans le tome XXI de l'Archœologia sous le titre de A Survey of Egypt and Syria, undertaken in the year 1422 by sir Gilbert de Lannoy Knt. etc. M. Serrure a donné, en 1840, pour la Société des bibliophiles de Mons, une édition des Voyages et ambassades de messire Guillebert de Lannoy, chevalier de la Toison d'or, seigneur de Santes, Willerval, Tronchiennes, Beaumont et Wahégnies (1399-1450), d'après un manuscrit de sa bibliothèque.

INTRODUCTION

(1432-1433)[1]*, du pèlerin anonyme qui visita Jérusalem en 1480, et enfin celle de Lengherand, mayeur de Mons (1485)*[2]*.*

Des motifs de piété n'avaient pas seuls conduit en Orient Ghillebert de Lannoy et Bertrandon de la Broquière. Le premier avait été chargé par le roi d'Angleterre Henri V, par Charles VI et surtout par le duc de Bourgogne Philippe le Bon, de faire la reconnaissance militaire des côtes de la Syrie et de l'Egypte ainsi que celle des Dardanelles;

M. *Joachim Lelewell a fait paraître à Bruxelles et à Posen en 1844 :* Guillebert de Lannoy et ses voyages en 1413, 1414 et 1421, commentés en français et en polonais. *Mais l'éditeur n'a mis au jour que la partie de la relation de Guillebert de Lannoy qui a trait à la Prusse, à la Pologne, à la Russie et à la Crimée. Enfin M. Potvin a donné une édition complète des* Œuvres de Ghillebert de Lannoy, voyageur, diplomate et moraliste. *Louvain, 1878, in-8.*

1. *Legrand d'Aussy a donné en 1804, dans le tome V des* Mémoires de l'Institut national des sciences et arts, le Voyage d'outremer et le retour de Jérusalem en France par la voie de terre, pendant le cours des années 1432-1433, par Bertrandon de la Brocquière, *ouvrage extrait d'un manuscrit de la Bibliothèque nationale. M. Legrand d'Aussy a cru devoir remettre en « français moderne » la rédaction originale, parce que si l'on veut qu'un auteur soit entendu, il faut le faire parler comme il parlerait lui-même s'il vivait au milieu de nous. » Thomas Johnes a traduit en anglais la relation et l'introduction données par Legrand d'Aussy et les a fait imprimer sous le titre de* The travels of Bertrandon de la Brocquière, counsellor and first esquire-carver to Philippe le Bon, duke of Burgundy. *Hafod press, 1807. M. Thomas Wright a reproduit cette traduction dans le recueil de voyages publié sous le titre de* Early travels in Palestine. *Londres, 1848.*

2. Voyage de Georges Lengherand, Mayeur de Mons en Haynaut, à Venise, Rome, Jérusalem, le Mont Sinay et le Kayre (1485-1486), *avec une introduction, notes et glossaire par le marquis de Godefroy Ménilglaise. Mons, 1861. Cette publication a été faite pour la Société des bibliophiles de Mons.*

INTRODUCTION

quelques années plus tard, Bertrandon de la Broquière recevait de Philippe le Bon la mission secrète de traverser la Syrie, la Caramanie et l'Asie Mineure, et, après avoir visité Constantinople, de rentrer en Bourgogne en passant par la Roumélie, la Bulgarie, la Serbie, la Hongrie et le sud de l'Allemagne.

Nous possédons trois relations du voyage des pèlerins qui, en 1480, visitèrent les Saints Lieux. L'une est due au dominicain Félix Schmidt (Faber), l'autre à Sancto Brascha, chancelier de Ludovic Sforza, duc de Milan; la troisième a été probablement écrite par un clerc demeurant à Paris et dont le nom est resté inconnu. Je donnerai une courte analyse des deux premières, car elles renferment certains détails, peu importants il est vrai, que le pèlerin français n'a pas cru devoir insérer dans son récit.

Je ne crois point inutile d'exposer succinctement tout d'abord la situation des différents pays visités par les pèlerins dans le cours de leur voyage, le lecteur pourra apprécier ainsi l'exactitude du Voyage de la saincte cyté de Hierusalem.

La présence des flottes turques dans le golfe Adriatique et dans la mer Egée rendait, en 1480, la traversée de Venise à Jaffa incertaine et périlleuse; les passagers qui s'embarquèrent sur la galère d'Agostino Contarin sentirent, à leur arrivée à Corfou, le courage les abandonner et un certain nombre d'entre eux, parmi lesquels Jean Louis de Savoie, évêque de Genève, et Philippe de Luxembourg,

INTRODUCTION

évêque du Mans, effrayés des dangers qu'ils pouvaient courir, renoncèrent à aller plus avant et retournèrent à Venise [1].

La République avait, depuis une année seulement, conclu la paix avec Mahomet II, après avoir, pendant seize ans, soutenu le poids d'une guerre désastreuse en Asie et en Europe. Le secrétaire d'État Giovani Dario avait signé à Constantinople, le 26 janvier 1479, un traité aux termes duquel la Seigneurie s'engageait à faire la remise immédiate de Scutari d'Albanie et de son territoire et à

---

1. Il n'est fait aucune mention du projet de voyage de Jean-Louis de Savoie, évêque de Genève, dans les chroniques de Savoie publiées dans les Monumenta historiæ patriæ, *Turin, 1840, in-8*.

Guichenon *dans son* Histoire généalogique de la royale maison de Savoye, (*Lyon, 1660, tome I*), Spon *dans son* Histoire de Genève (*Genève, 1730, tome I, pages 93-97*) et Besson, *dans les* Mémoires pour l'histoire ecclésiastique des diocèses de Genève, Tarantaise, Aoste et Maurienne, *Nancy, 1759, paraissent avoir ignoré le projet formé par ce prince de visiter les Saints Lieux*.

Il en est de même pour le voyage de Philippe de Luxembourg. Il n'y est point fait allusion dans le Gallia Christiana, *tome XIV, p. 411. Je n'ai trouvé aucun détail à ce sujet ni dans les* Vies des évêques du Mans, *par dom Jean Bondonnet, bénédictin de Saint-Vincent du Mans et prieur de Sarce, Paris, 1651, pages 645-650, ni dans l'*Histoire des évesques du Mans et de ce qui s'est passé de plus mémorable dans le diocèse pendant leur pontificat, *par Antoine le Courvaisier de Courteilles. Paris, 1648, pages 736-743. Il n'existe, dans les archives de la ville du Mans, aucune pièce relative au projet de pèlerinage de Philippe de Luxembourg. Dom Piolin croit à tort que Philippe de Luxembourg alla à Jérusalem. Il a inséré dans la* Revue historique et archéologique du Maine, *tome VI, pages 337-340, le passage de la première relation de Faber où il est question de l'évêque du Mans et du danger qu'il courut à bord de la galère par suite d'une fausse manœuvre*.

Le récit de Faber avait été signalé à Dom Piolin par Dom Gabriel Meier, bibliothécaire d'Einsideln.

abandonner toutes les villes dont elle avait fait la conquête pendant la campagne précédente ; elle devait restituer au Sultan les montagnes de la Kimera, le Brazzo di Maina dans le Péloponnèse et l'île de Stalimène. Elle s'engageait, en outre, à verser au trésor ottoman cent mille ducats pour la ferme de l'alun dont les concessionnaires avaient fait faillite, et à payer annuellement dix mille ducats pour les franchises du commerce. Giovanni Dario resta à Constantinople jusqu'à l'arrivée du nouveau bayle, et il se rendit à Scutari pour faire la remise de cette place à Ahmed 'Bey Evrenos Oglou que Mahomet II avait désigné comme son commissaire. Au fléau d'une longue guerre était venu se joindre celui de la peste. Le six février 1478 éclata à Venise une maladie contagieuse qui frappait de léthargie ceux qu'elle atteignait; cette particularité lui fit donner le nom de mal di mazucco[1]. *Elle exerça de tels ravages que, pendant longtemps, les Conseils ne purent se réunir pour délibérer sur les affaires de l'État. Les villes des côtes de l'Istrie, de la Dalmatie et de la Morée ainsi que l'île de Crète virent leur population décimée par l'épidémie. La maladie n'avait point entièrement disparu en 1480, car Sancto P ascha nous apprend qu'un des matelots de la galère de Contarin en mourut peu de jours après le départ de Venise; que sa femme et ses enfants*

---

1. Topografia fisico-medica della città di Venezia dal Dottore G. Federigo. *Padova, 1832. Parte terza, p. 11.*

furent sequestrés et que le patron s'efforça de cacher aux autres passagers la nature du mal qui avait fait une victime à son bord.

Les registres des délibérations secrètes du Sénat, et Malipiero dans sa chronique, nous ont conservé le souvenir des envoyés turcs qui se présentèrent à Venise depuis la conclusion de la paix jusqu'à la fin de l'année 1480.

Malipiero nous apprend que le 16 mai 1479 arriva à Venise un ambassadeur du Sultan avec une suite de vingt personnes. Quarante gentilshommes montés sur les piati ou barques dorées de la Seigneurie se portèrent à sa rencontre. Le doge et les membres du collège se mirent aux fenêtres de la salle du grand Conseil pour le voir passer. Une proclamation avait défendu aux gens du peuple, sous peine de la vie, de le désigner sous le nom de l'ambassadeur du Turc; il était enjoint de l'appeler « l'ambassadeur du Grand Seigneur. » Cet envoyé fut reçu en audience le 18 mai. Il présenta au doge une pièce d'étoffe d'un tissu léger qui avait servi de ceinture au Sultan et il invita le doge à s'en ceindre en signe de l'étroite amitié qui devait, à l'avenir, unir les deux princes. L'ambassadeur déclara qu'il était venu afin de recevoir le serment pour le maintien de la paix. Elle fut, en effet, jurée en sa présence et publiée le 25 mai, jour de la fête solennelle de Saint-Marc [1].

---

1. A' 16 (de Maggio) è zonto un ambassador del Turco con 20 persone ghe è stà mandà contra 40 zentilhomeni con i piati; è'l Doze co'l colegio è stà su le

INTRODUCTION VII

Le 25 août de la même année, un Juif venu de Constantinople remit au doge une lettre de Mahomet II; le Sultan demandait qu'on lui envoyât un peintre habile dans l'art de faire les portraits : Gentile Bellini fut désigné pour se rendre auprès de lui et la Seigneurie décida que les frais de son voyage seraient supportés par le Trésor public [1].

Le 9 mars 1480, un nouvel envoyé arriva à Venise pour réclamer la solution des difficultés qui s'étaient élevées au sujet de la délimitation des frontières de Grèce, d'Albanie et d'Esclavonie [2].

Enfin le 29 avril (more Veneto), se présenta un

---

fenestre de la sala de gran concegio. E' stà facto un proclama, che alcun in la terra non ardissa di chiamarlo ambassador del Turco ma ambassador del signor Turco, sotto pena della vita. L'ha habudo audienzia a'18 è ha presentà al Doze un fazzuol sotil, digando che'l so signor s'ha cinto con esso, e che anche lui fazza'l medemo in segno di stretta e ferma amicizia; dice che'l vegnuto per tuor el zuramento della pace; la qual a'25 del ditto mese, zorno solenne di S. Marco è stà zurada e publicada in so presenzia : e do zorni avanti è stà vestio de do veste d'oro e la famegia vestia d'altri vestimenti. Malipiero, Annali Veneti. Archivio storico Italiano. Florence, 1843, tome VII, page 122.

1. El signor Turco recerca la signoria per so lettere presentade da un Zudeo vegnudo a posta che la ghe mandà un bon depentor che sappia retrazer, e per gratificarlo està mandà Gentil Belin contentandosse cosè esso : e ghe è stà pagà le spese del viazo. Malipiero, Annali, p. 123. MM. Crowe et Cavalcaselle donnent la description d'un portrait de Mahomet II qui fut achevé, ainsi que l'atteste une inscription, le 25 novembre 1480. Ce tableau est aujourd'hui en la possession de sir Henri Layard. History of painting in North Italy. Londres, 1871, tome I, page 126.

2. A'8 de Mazzo è zonto quà un ambassador del Turco e domanda che sia messo i confini o so modo in Schiavona, in Albania e in Grecia; e perche non si fu d'accordo, è stà preso di far tornar Zuane Dario a la Porta. Malipiero, Annali, p. 133.

nouvel envoyé turc. C'est celui que l'auteur de cette relation vit débarquer à la Piazetta et qui fut logé à l'hôtel de l'Homme-Sauvage. Il venait, de la part d'Ahmed Gueduk Pacha, demander pour l'escadre turque l'autorisation de se ravitailler dans le port de Corfou. Cette escadre était destinée à agir contre les États du roi Ferdinand que le Sultan qualifiait d'ennemi commun [1]. Le roi de Naples avait, en effet, formé une nouvelle ligue en Italie : Laurent de Médicis avait conclu la paix avec lui et s'était reconcilié avec Sixte IV. Les suites de cet accord furent une alliance offensive et défensive entre le Pape, le roi de Naples, le duc de Milan, les Florentins et les Génois. La République de Venise se sentant menacée, traita avec René, duc de Lorraine, petit-fils par sa mère de René d'Anjou. Ce prince, qui avait des prétentions au trône de Naples, se rendit à Venise. Le doge, monté sur le Bucintor, se porta à sa rencontre; la Seigneurie lui conféra le titre de noble et le commandement de ses armées avec une pension de cinq mille six cents ducats [2].

Le cardinal Foscari, de son côté, négociait à Rome pour la République, et il avait réussi à détacher le Pape de

---

[1]. A' 29 ae avril ditto è zonto qua un altro ambassador del Turco e ha domandà porto a Corfu e vittuaria per i sui danari, per besogno dell' armada che'l manda contro el Re Fernando de Napoli, chiamado da lui per inimigo comun. Ghe è stà resposo che la signoria se trova in pace con ogn'un e che per adesso non se puol satisfarlo. Malipiero, Annali, p. 122.

[2]. A' tre de Marzo ditto è zonto'l Duca Renato per via de mar; accettato in Bucentoro e condatto da San Nicolo de Lido a la casa del marchese a' 16 de avril è stà facto nobile el ditto Duca con 1274 balote. Malipiero, Annali, page 250.

INTRODUCTION

la ligue. Le 16 avril, Sixte IV adressait au doge Moncenigo un bref auquel était joint un traité qui stipulait entre le Saint Siège et la république de Venise une alliance défensive dont la durée était fixée à vingt-cinq ans. Cet heureux événement donna lieu à Venise à des réjouissances dont notre pèlerin fut le témoin et dont il fait une courte description [1].

Dans les dernières années de la guerre soutenue contre Mahomet II, la situation troublée de l'ile de Chypre fut pour la Seigneurie une cause de graves préoccupations et de sérieux embarras. Le royaume de Chypre était, depuis l'expédition des Egyptiens en 1425, devenu tributaire des Sultans Mamelouks et les princes de la maison de Lusignan étaient, à leur avènement au trône, obligés de recevoir des ambassadeurs égyptiens leur apportant des lettres d'investiture.

Le roi Jacques, pour s'assurer l'appui de Venise, avait demandé la main de Catherine, fille de Ser Marco Cornaro; sa recherche avait été agréée, et la nouvelle reine, déclarée fille adoptive de Saint-Marc, fut conduite à son époux par Antonio Bragadin revêtu, pour cette circonstance, du caractère d'ambassadeur. Son arrivée et le secours des Vénitiens ne rétablirent point la paix dans le royaume de Chypre où trois partis se trouvaient en présence: celui de la reine Charlotte de Lusignan, épouse de

---

1. Le Voyage de la Saincte Cyté, etc., p. 22.

INTRODUCTION

Louis de Savoie, réfugiée à Rome; le pape Sixte IV lui témoignait une vive sympathie et sollicitait pour elle l'appui de la maison de Savoie et celui d'autres princes chrétiens [1]. *Le noyau de cette faction était formé par les seigneurs chypriotes dépouillés de leurs fiefs par le roi Jacques. Les Vénitiens avaient leurs adhérents; enfin, un troisième parti était celui du roi de Naples Ferdinand d'Aragon, qui se proposait de faire épouser la reine Charlotte, devenue veuve, à son fils Don Alonzo, et une fille naturelle du roi Jacques à un de ses bâtards. Ce parti avait pour chef l'archevêque de Nicosie, qui envoyé à Naples par le roi Jacques peu de temps avant sa mort, avait proposé cette double alliance à Ferdinand et la lui avait fait accepter* [2].

Des révoltes n'avaient pas tardé à éclater; Famagouste s'était soulevée et la plupart des places du littoral avaient suivi son exemple. Pour maintenir l'autorité de la reine et assurer sa propre prépondérance, la seigneurie s'empressa d'envoyer à Chypre une puissante escadre, et elle fit lever des troupes dans le Péloponnèse, en Albanie et à Candie. Parmi les nobles Vénitiens qui enrôlèrent des soldats pour les conduire à Chypre lors des troubles qui suivirent la

---

1. Guichenon, Histoire de la maison royale de Savoye, *tome I, p. 536-546.* Johan Paul Reinhard's, Vollstændige Geschichte des Kœnigreichs Cypern, *Erlangen, 1768, appendices du tome II, pp. 129-137.*

2. And. Naugerii, Patritii Veneti, Historia veneta italico sermone scripta ab origine Urbis usque ad annum M.C.DXCVIII, *dans la* Collection de Muratori, *Milan, 1733, tome XXIII, col. 1038.*

mort de Ser Andrea Corner, se trouvait Ser Marco Venier, qui avait amené de Candie une compagnie de cinquante arbalétriers. Après le rétablissement de la tranquillité, la reine congédia Ser Marco Venier sans lui accorder d'autre récompense que le titre de chevalier. Celui-ci en avait espéré une plus haute. A son retour à Candie, il fut obligé, pour payer et licencier ses arbalétriers, de vendre une propriété qu'il y possédait. Le désir de se venger de l'ingratitude de la reine Catherine le poussa à trahir les intérêts de Venise sa patrie. Il s'aboucha avec quelques seigneurs mécontents et leur proposa d'assassiner la reine et ses conseillers pendant qu'ils assisteraient à l'office divin, puis de se rendre maîtres du gouvernement au nom de la reine Charlotte. En cas de réussite du complot, Marco Venier devait recevoir le château de Cérines et une somme de deux cent mille ducats.

Navagero prétend que le roi Ferdinand avait fait armer à Gênes quatre galères pour escorter la reine Charlotte; que le Sénat, prévenu de ce fait, avait envoyé dans les eaux de Candie une escadre pour lui barrer le passage et couler le navire qui la portait, mais que les galères de Venise arrivèrent trop tard, et alors que Charlotte avait déjà débarqué à Alexandrie et s'était rendue au Kaire. La reine obtint du sultan Qaït Bay le secours d'un corps de troupes composé de mamelouks; le roi Ferdinand, de son côté, devait faire partir de Naples pour Chypre une escadre de vingt-deux galères. Marco Venier se proposait, par l'intermédiaire d'un secrétaire du vice-roi de Sicile, de faire connaître le moment propice pour la mise en mouvement de cette expédition. Mais ce secrétaire quitta l'Egypte et se rendit à Venise où il révéla au conseil des Dix tous les détails du complot.

De son côté, le capitaine général en avait tiré l'aveu de Nicolò Bon de Candie, à la suite d'une dispute de quelques-uns des conjurés chez des courtisanes. Les conspirateurs furent arrêtés ; cinq d'entre eux furent pendus aux créneaux du palais de Nicosie, et Marco Venier, conduit à Venise, fut exécuté avec Anzolo de Cavadoro, membre du collège des Pregadi [1]. Ce sont les deux gentilhommes dont parle le pèlerin français qui fut témoin de leur supplice [2].

Enfin, en 1480, Venise prit possession de l'île de Veglia dont les habitants s'étaient soulevés contre leur seigneur Jean Frangipani, et avaient arboré l'étendard de Saint-Marc. Frangipani, impuissant à comprimer la révolte, implora la protection du roi de Hongrie qui envoya à son secours un corps de troupes. Informé de l'intervention des Hongrois, le Sénat donna l'ordre à J. Soranzo de faire le blocus de l'île et un ambassadeur fut envoyé en Hongrie pour faire valoir les droits de la République. Le roi Mathias

---

1. And. Naugerii, Historia Veneziana, col. 1060 et suivantes. Les chroniques de Savoie et Guichenon ne font aucune allusion aux faits racontés avec tant de détails par Navagero. Ils ne sont pas non plus mentionnés par Jauna, Reinhard et Giblet.

2. Le voyage de la Saincte Cyté, p. 15.

INTRODUCTION

les reconnut et rappela ses troupes. Frangipani, fait prisonnier, fut envoyé à Venise et son fils fut investi de la seigneurie de Veglia; mais les habitants ayant refusé de le recevoir, l'île fut annexée aux possessions de la Seigneurie, et le gouvernement en fut confié à un provéditeur.

Pendant le séjour des pèlerins à Venise, une galère venant de la côte de Syrie apporta la nouvelle qu'une puissante escadre turque avait débarqué à Rhodes une armée qui, sous le commandement de Messih Pacha, avait mis le siège devant la ville. Le bayle Nicolò Cocco avait, dès les premiers jours du printemps, prévenu la Seigneurie que Mahomet II équipait deux flottes; l'une était destinée à attaquer Rhodes[1] et l'autre devait entrer dans la mer Adriatique et ravager les côtes de la Pouille. Le sultan avait même demandé le concours des Vénitiens contre le roi de Naples, mais le Sénat ne prêta pas l'oreille à ces propositions. Quelques historiens ont prétendu que l'expédition contre Otrante avait été entreprise à l'instigation du bayle de Venise à Constantinople. La correspondance de la Seigneurie avec Nicolò Cocco[2] atteste, au contraire, que la Répu-

---

1. Les documents sont très nombreux pour l'histoire du premier siège de Rhodes. On peut consulter le journal du siège rédigé par Caoursin, vice-chancelier de l'ordre de Saint-Jean : Obsidionis Rhodia urbis descriptio. Ulm, 1496, in-fol. fig. s. b. La première partie de cet ouvrage avait paru à Parme l'année même de la levée du siège. Paoli a inséré dans son Codice diplomatico del sacro militare ordine Gerosolimitano, tome II, pages 149-153, la lettre adressée par Pierre d'Aubusson à l'empereur. Breydenbach donne à la fin de son voyage en Terre Sainte un récit du siège de Rhodes.

2. S. Romanin, Storia documentata di Venezia, 1855, tome III p. 395.

blique avait essayé de détourner Mahomet II de l'exécution de ce projet, et elle avait même donné ordre au capitaine général Vittore Soranzo de surveiller la marche de l'escadre turque depuis les côtes de la Morée jusqu'à Valona¹. Le débarquement de Gueduk Ahmed Pacha à Otrante eut pour conséquence la levée du siège de Sienne et le départ de l'armée du duc de Calabre. Ce fait, qui favorisait les alliés de Venise, et le silence gardé par elle à l'égard de Ferdinand sur les projets des Turcs, ont donné naissance à l'opinion que la Seigneurie avait engagé le sultan à s'emparer des villes de la Pouille, comme ayant fait jadis partie de l'empire d'Orient².

La nouvelle de l'expédition dirigée contre Rhodes jeta l'alarme parmi les pèlerins. Les Allemands se réunirent et se rendirent au palais ducal; ils demandèrent une

---

1. *Vittor Soranzo... fu avvisà che doveva uscer da Constantinopoli un'altra armada per intrar in golfo; ondè'l si rudisse con 28 galee a Modon : stando à se approssimo l'armada turchesca la qual ghe mando un ambassadora domandar el transito per qual canal e vittuaria per i so danari. El transito ghe fu concesso... pai passarono 60 vele, 13 sole galee verso la Zefallonia e de la in canal di Corfu, el general seguito sempre navegando a so vista.* Malipiero, Annali, p. 130.

2. Les Turcs avaient répandu le bruit que l'expédition qui se préparait à Valona serait dirigée contre Raguse. On était indécis à la cour de Naples, sur le but que poursuivait Ahmed Gueduk Pacha. « *Trenta palandarie et molto altri galee sottile sono nel golfo a la Valona et crede che andaranno a Ragusa, mà potrebono venire in Puglia et andare anche altrove.* » On crut, quelques jours plus tard, que des bâtiments légers vénitiens étaient venus faire une reconnaissance de la côte. Dépêches des ambassadeurs du duc d'Este, etc., dans l'Archivio storico per le provincie Napoletane, Naples, *1881*, sixième année, 1ʳᵉ livraison, pages 80-162.

audience et réclamèrent un sauf-conduit afin de pouvoir faire leur voyage en toute sécurité. Il leur fut répondu que la République ayant conclu la paix avec le sultan, la galère ne courait aucun risque d'être capturée par les Turcs, mais qu'il était impossible, en cas d'événement, de répondre de la liberté des passagers; que, du reste, les pèlerins seraient, à leur arrivée à Corfou, renseignés exactement par le capitaine général qui y commandait l'escadre vénitienne. L'insistance que Vittore Soranzo mit à les dissuader de continuer leur route peut faire supposer qu'il avait reçu à ce sujet des instructions particulières. La prise par les Turcs de deux personnages aussi considérables que Jean Louis de Savoie, évêque de Genève et de Philippe de Luxembourg, évêque du Mans et légat du Pape en France aurait été, pour la Seigneurie, la cause de graves difficultés. Elle ne se souciait pas non plus de voir débarquer à Chypre l'évêque de Genève, beau-frère de la reine Charlotte, et dont le caractère altier et entreprenant aurait pu réveiller la discorde mal assoupie. Les deux évêques ne jugèrent point à propos de continuer leur voyage; quelques pèlerins suivirent leur exemple et, à leur retour à Venise, ils répandirent le bruit que la galère de Terre Sainte avait été capturée et les passagers massacrés. Le frère Félix Faber nous apprend qu'à la suite de cette nouvelle, des messes des morts furent célébrées à leur intention en Italie, en Allemagne et en France.

Il ne reste plus maintenant qu'à jeter un coup d'œil sur

INTRODUCTION

l'état de la Palestine ; je ne crois pas pouvoir mieux faire, pour dépeindre la situation de ce pays agité par les rivalités des différentes races et troublé par les excès d'une administration tyrannique, que de rapporter ici les faits consignés par Moudjir eddin dans son Histoire de Jérusalem et d'Hébron.

« *En l'année 878 (1473-1474) une dispute s'éleva à Hébron entre les gens de la famille de Temim ed Dary et les Kurdes. On en vint aux mains, et, à la suite d'un premier engagement, chacun des deux partis appela à son aide les tribus de la campagne. Celles-ci accoururent et mirent la ville au pillage. Les Kurdes se retranchèrent avec leurs femmes et leurs enfants dans la grande mosquée; les Dary se réfugièrent dans le château. Le sultan Qaït Bay, informé de ces désordres, fit partir du Kaire pour faire une enquête, Aly Bay el Khasseki, personnage grossier et violent, complètement illettré et qui n'avait qu'une connaissance imparfaite de l'arabe. Aly Bay se rendit à Hébron accompagné du gouverneur de Jérusalem et des autorités religieuses. A la suite d'une information sur les faits de meurtre et de pillage, il imposa aux cadis et aux cheikhs d'Hébron une amende de douze mille dinars. Il les conduisait comme prisonniers au Kaire, lorsque, arrivé à Gazza, il fut secrètement mis à mort le mercredi 11 redjeb (6 décembre 1473) par le gouverneur Jechbek el Alay en vertu d'un ordre du Sultan. On répandit le bruit qu'il avait été écrasé par la chute du mur d'une écurie dans laquelle il était entré pour prendre un cheval qu'il avait demandé au gouverneur. La nouvelle de sa mort excita, lorsqu'elle parvint au Kaire, une sédition parmi les mamelouks Djoulban, et le sultan Qait Bay dut affirmer par serment qu'il y était absolument étranger.*

« *Au mois de Redjeb 880 (novembre 1475), le sultan partit du Kaire pour faire une visite pieuse au Mesdjid el Aqça de Jérusalem et au tombeau d'Abraham à Hébron. Pendant son séjour dans cette dernière ville, il fit restituer aux habitants les sommes qui leur avaient été extorquées par le gouverneur, l'émir Djar Qouthlou, et il punit par l'exil le qadhi Ghirs eddin Khalil qui avait été le complice de ses malversations.*

« *En cette même année, un chrétien accusé d'avoir injurié Aly et Fathimah, fille du Prophète, fut mis à mort dans le palais du gouverneur.*

« *Le premier jour du mois de Moharrem 481 (26 avril 1476), arriva du Kaire à Jérusalem un courrier monté sur un dromadaire. Il apportait au gouverneur l'ordre d'arrêter et de faire conduire au Kaire les religieux latins établis dans les couvents du mont de Sion, de Bethléem et dans l'église du Saint-Sépulcre. Cette mesure était prise en représailles de l'enlèvement de quatre habitants d'Alexandrie qui avaient été transportés en chrétienté. Au mois de Redjeb (octobre), la peste éclata à Jérusalem avec une extrême violence; elle envahit toute la Palestine, et elle ne disparut qu'au mois de Reby oul ewwel (juillet)* de l'année suivante, après avoir fait un grand nombre de victimes parmi les musulmans et les chrétiens.

« *Au mois de Moharrem 885 (mars 1480), des courriers arrivèrent à Jérusalem, apportant la bonne nouvelle du retour, au Kaire, du sultan Qaït Bay qui avait heureusement accompli le pèlerinage de la Mekke et avait fait son entrée dans sa capitale le 12 de ce mois. Des réjouissances furent, à cette occasion, célébrées à Jérusalem et dans les villes de la Palestine. Les maisons furent décorées de tapis et illuminées. A son retour du Hedjaz, le sultan nomma gouverneur de Jérusalem l'émir Nassir eddin Mohammed ibn Eyyoub, en remplacement de l'émir Sant bay en Nahhassy. Nassir eddin fit son entrée à Jérusalem, revêtu de l'habit d'honneur que lui avait donné le sultan, le 12 du mois de Reby oul akhir (21 juin).*

« *Le vendredi 11 du mois de Djoumazy oul akhir (18 août 1480), Nassir eddin cerna, à Jéricho, Amr ibn el Ghanim et les Arabes qui l'accompagnaient : il y eut un combat dans lequel un grand nombre de gens perdirent la vie.* »

Ce dernier fait explique les difficultés qu'éprouvèrent les pèlerins pour se rendre au Jourdain ; l'auteur du Voyage à la Saincte cyté nous fait connaître les dangers auxquels ils s'exposaient, lui et ses compagnons, en ne suivant pas les conseils de prudence qui leur étaient donnés à Jérusalem. Après leur départ, la ville sainte fut aussi le théâtre de graves désordres. « *Le gouverneur Nassir eddin avait fait arrêter et mettre à mort quelques Arabes de la tribu des*

Benou Zeyd. Les parents des condamnés et les hommes de cette tribu se rassemblèrent pour tenter une attaque contre la ville. Informé de leur projet, le gouverneur monta à cheval et se rendit à Bab el Esbath (la porte des Tribus), où il rencontra les assaillants. Ceux-ci le repoussèrent et envahirent, les armes à la main, l'enceinte du Haram : le gouverneur réussit à s'échapper, en passant par la porte des Moghrébins. Les rebelles brisèrent les portes de la prison et en firent sortir les criminels qui y étaient enfermés. Les marchands du bazar mirent en sûreté tout ce qui se trouvait dans leurs boutiques. Trois hommes furent tués et un plus grand nombre furent blessés dans cette échauffourée. Les Arabes se répandirent dans les rues et maltraitèrent les habitants; les maisons et les bazars furent fermés et barricadés. Ces désordres provoquèrent le mécontentement du sultan qui destitua l'émir Nassir eddin et lui donna pour successeur l'émir Chihab eddin Ahmed ibn Moubarekchâh. A son retour au Kaire, Nassir eddin fut arrêté et on instruisit son procès. »

Telle était à la fin du XVe siècle l'état de la Palestine; l'auteur contemporain qui en trace le tableau était le qadi de la secte des Hanbalites à Jérusalem, et l'on ne saurait l'accuser d'en avoir chargé les couleurs. Nous avons par lui une idée des périls que les pèlerins avaient à affronter au milieu d'une population turbulente et fanatique, et des avanies qu'ils avaient à subir de la part de fonctionnaires avides et violents.

Malgré les troubles qui éclatèrent, à plusieurs reprises, en Palestine sous le règne de Qaït Bay, la sécurité des religieux ne fut pas souvent mise en péril, et la possession des sanctuaires dont ils avaient la garde ne leur fut pas disputée par les communions rivales.

L'attention des autorités musulmanes de Jérusalem était alors concentrée sur un procès intenté à la communauté juive pour la revendication d'une synagogue. Cette contestation passionnait la population, et Moudjir eddin a cru devoir en relater toutes les phases avec les détails les plus minutieux.

Les religieux franciscains furent constamment protégés par le sultan Qaït Bay et surtout par le grand Devadar Yechbek. Gabriel Giraudet, originaire du Puy en Velay et qui prend le titre de « prêtre hiérosolomytain, » visita les Lieux Saints un siècle après notre pèlerin. Il publia en *1583* une relation de son voyage et la dédia à Louise de Lorraine, reine de France. Il a inséré, à la fin de cet ouvrage, un résumé historique qu'il a intitulé : « Ici est contenu comment les frères ont eu le gouvernement des Saints Lieux de la Terre Sainte. » Le chapitre, que je crois devoir transcrire, a été composé, non sur des documents conservés dans les archives du couvent de Jérusalem, mais (et cette supposition me semble fort probable à cause des erreurs de date), d'après des traditions qui s'étaient perpétuées parmi les religieux latins.

INTRODUCTION

S'ensuit comment les frères sont venus en amour de ces infidèles.

« *Au temps du prédit gardien*[1] *fut bany un duc du grand Caire en la cité de Hiérusalem par le Soldan et ancien admiral, capitaine de mil lances appelé Cathibey (Qait Bay) lequel fut depuis Soldan l'espace de trente-huit ans*[2], *et avec luy estoit aussi bany un autre admiral appelé Isbech (Yechbech)*[3]. *Et pour ce que ceux qui sont ainsi banis ne peuvent chevaucher ou soy faire accompaigner d'aucuns serviteurs, ne se esloigner de la cité de plus d'un mille, ni entrer en la maison d'aucun citoyen sur la peine de la teste, ni aucun pour crainte du Soldan ne leur ose montrer familiarité, pour leur récréation, ces deux sieurs venoient au mont de Syon; et le gardien, comme homme prudent, cognoissant que la fortune de ce monde ou prospère ou adverse, ne demeure jamais ferme, mais se tourne comme la roue, et que ceux cy facilement pourroient retourner en la grâce du Soldan, comme advint, ledict gardien recevoit lesdicts Seigneurs, non comme prisonniers, mais comme ses Seigneurs, et les caressoit de manger et de boire, et encores leur faisoit donner argent*

---

1. *Le gardien du couvent de mont de Sion, dont Giraudet cite le nom dans le chapitre précédent, est le frère François Roux de Plaisance (Francesco da Piasenza) qui résida à Jérusalem de 1467 à 1472.*

2. *Melik el Achraf Qait Bay, qui avait été esclave du sultan Djaqmaq, monta sur le trône en 1468 et mourut en 1496 après un règne de vingt-huit ans.*

3. *Moudjir eddin nous apprend que l'année de l'avènement de Qait Bay des émir furent exilés à Jérusalem : il cite parmi eux Yechbek el Faqih, grand Devadar, Djany bek Kouhièh et Mogal bay. Histoire de Jérusalem et d'Hébron, page 610.*

pour leurs nécessitez au procureur du mont de Syon. Or advint au bout de cinq ans que le Soldan, après avoir cognu leur innocence, les retourna en sa grâce; et ne tarda guères après qu'il trépassa; et fut faict Soldan après lui ledict Cathibey, lequel fit son compaignon Isbech Seigneur du grand Cayre, et par ainsi furent exaucez. Le susdit gardien les alla visiter au Cayre, qui fut receu d'une telle joye et honneur que ne se pourroit à peine escrire. Et tant que ceux icy vesquirent, quand les frères alloient en leur présence, toute la cour leur donnoit place. Cet Isbech Seigneur du Cayre après qu'il eut parlé familièrement et longuement au gardien, luy dist : Je vous suis beaucoup obligé d'autant qu'au temps de mon angoisse et tribulation m'avez monstré une cordiale bénévolence, en récompence de quoy veux estre vostre protecteur et défenseur; demandez seulement ceste grace au Soldan d'estre comme mes esclaves et sujets, soubs ma protection, et après reposez-vous sur moy. De quoy le Soldan fut très content.

« *Et dès lors tous les Sarazins craignirent à molester les frères, et malheureux estoyt celuy qui leur faisoit le moindre desplaisir. Il advint une fois, au temps que Jacques Magnivacque estoit gardien de mont de Syon, que les Seigneurs de Hiérusalem mirent le susdict gardien en prison et luy firent payer injustement pour sa rançon cent ducats; lequel s'en alla au Cayre et se plaignit de ceste grande injustice au susdict Isbech qui pour lors tenoit la place du Soldan qui estoit allé à la Mecque; lequel sou-*

dain envoya quérir tout enchaîné le Seigneur de Hiérusalem et, en présence du susdict gardien, le fit fort battre et le priva de la Seigneurie de Hiérusalem et le mit en prison pour cinq ans. Ce susdict Isbech vouloit entendre du gardien ceux qui molestoient les frères en Hiérusalem : et adverty que fut, envoya quérir un bon nombre des principaux de Hiérusalem qui molestoient les frères. Arrivez que furent au Cayre tous enchaînés, les fit cruellement battre, et les condamna à grande somme de deniers. Dès lors il commit la charge desdicts religieux à un sien grand amy des principaux de Hiérusalem, nommé Facardin, dont donna si grande crainte à tout le pays, tellement que les frères alloient partout seurement comme esclaves et sujects du Seigneur du grand Cayre. En ce pays là, le plus grand honneur qu'un homme peut avoir, c'est d'estre appellé esclave du grand Seigneur, comme entre nous estre de la maison du Roy. Il advint en l'an mil quatre cens octante que le gardien nouveau de Hiérusalem, arrivé qu'il fut en la cité de Rame, trouva le prédict Seigneur Isbech qui retournoit avec toute l'armée du grand Soldan d'une victoire qu'il avoit obtenue contre le Turc, lequel entendant que le susdict gardien avec celuy qui avoit été devant luy venoit pour le saluer, soudain donna licence à tous les Seigneurs et les fit appeller, les recevant avecques grande allégresse et festes, et entre autres colloques familiers, luy demanda le nom de tous les frères qu'il avoit cogneus.

« Dessoubs sa protection fut refaicte l'eglise de Bethléem

qui s'en alloit en ruyne, aussi la tribune de l'église du Sainct Sépulchre et tant qu'il vesquit, les frères avoient du Soldan tout ce qu'ils vouloyent, et ostées toutes mangeries et despenses extraordinaires qui estoient bien griefves, que payoit le couvent de mont de Syon.

Une fois, pour une imposition de deniers qu'avoit faict le Cady Chatiber[1], premier secrétaire du Soldan au Cayre, au gardien du mont de Sion, appellé frère Barthélemy de Plaisance, le susdict seigneur en place publique audict Chatiber lui jetta sa masse de fer qu'il portoit à l'arçon de sa selle, pour le frapper : de quoi toute la cité s'estonna.

Frère François Surien, gentilhomme de Venise, qui fut gardien après le dernier nommé, le visitait souvent; qui se rendoit aussi familier à lui comme s'il estoit son fils et souvent prenoit les affaires desdicts religieux; le susdict seigneur s'en alloit à la cour du Soldan expressement, et par deux fois le délivra de prison au Cayre et lui fist oster une grande charge que le Soldan avait mise sur le couvent du Monte Sion. Toutes les fois que le susdict mir Isbech escrivoit en Hiérusalem au seigneur ou bien au Nadri (Nazir) qui est comme le grand evesque, tousjours leur recommandoit les frères du Monte Sion. Dont le seigneur de Hiérusalem, pour lui faire chose agréable, disoit souvent aux frères religieux : Si aucun vous a faict desplaisir

---

1. Ce mot est défiguré ; les secrétaires du sultan d'Égypte avaient le titre de Katib essirr.

INTRODUCTION

de parolle ou de fait, venez vous en à moy, ayez droit ou tort. Et beaucoup d'autres signes d'amour monstra le dict seigneur tant qu'il vesquit. Mais après sa mort retournèrent les mangeries et impositions sur lesdicts religieux. »

Je crois devoir donner maintenant le résumé des relations allemande et italienne du pèlerinage de 1480. Elles renferment l'une et l'autre quelques faits omis par l'auteur français et elles suppléent au silence qu'il a gardé depuis son départ de Rhodes.

Le dominicain Félix Faber (Schmid) était originaire de Zurich et il s'était fixé à Ulm[1]. *Il nous apprend qu'en 1476,*

---

1. *Felix Faber (Schmid), de l'ordre des Frères Prêcheurs, lecteur en théologie, fit deux fois le pèlerinage de la Terre Sainte; la première fois en 1480 et la seconde en 1483. Il accompagna alors, en qualité de chapelain, Hans Werli von Zimber, Heinrich von Stœffel, Hans Truchsess von Waldpurg et Ber de Rechberg von Hohenrechberg. Il écrivit en latin la relation de ses deux voyages et il fit pour ces seigneurs une traduction abrégée de la seconde, qui parut à Ulm en 1556 sous le titre suivant :* Eigentliche Beschreibung der hin und wider farth zu dem heyligen Landt gen Jerusalem, und furter durch die grosse Wüsteney zu dem heiligen Berge Horeb, Sinay darauss zu vernemen was wunders die Pilgrin hin und wider auff Land und Wasser zu erfahren und zu besstchen haben über die mass kurtsweilig und lustig zu lesen, sonderlich denen so der Heiligen Schrifft ettwas erfahrn sein. Vormals im druck nie dergleichen ausgangen. *Haberlin a composé en 1742, sur des documents manuscrits, une thèse sur la vie et les ouvrages de F. Faber.* Dissertatio historica sistens vitam, itinera et scripta fratris Felicis Fabri... ad illustrandam historiam patriam, *etc. Gœttingue, 1742. Le texte des deux relations a été publié par M. le D*r *Conrad Hassler, pour la Société littéraire de Stuttgart :* F. Felicis Fabri evagatorium in Terra Sanctæ, Arabiæ et Egypti peregrinationem, *1843-1849, 3 vol. in-8. Une relation en vers et en dialecte souabe du premier voyage de Faber a été publiée en 1864, à Munich, par M. Antoine Birlinger.*

Felix Faber est un observateur judicieux et instruit : le récit de ses voyages abonde en détails du plus haut intérêt. Breydenbach, qui l'avait connu personnellement, rend de lui le témoignage le plus favorable.

il était allé à Rome et que, depuis cette époque, il nourrissait le dessein de visiter la Terre Sainte. Avant de mettre son projet à exécution, il crut devoir consulter quelques personnes; il s'adressa d'abord à Eberhard le Barbu, comte de Wurtemberg, qui avait été à Jérusalem et y avait reçu la dignité de chevalier du Saint-Sépulcre. « Il y a trois choses, lui répondit le comte, que l'on ne peut ni conseiller, ni déconseiller : le mariage, la guerre et le voyage de Terre Sainte. Elles peuvent bien commencer et mal finir. » Les avis d'un vieux chevalier qui avait fait le pèlerinage et ceux d'une religieuse fixèrent la résolution de Faber. Il se détermina à partir et, pour exécuter son dessein, il pria un de ses compatriotes, religieux au couvent de la Minerve à Rome, d'obtenir du pape Sixte IV l'autorisation de se rendre en Palestine. Il sollicita ensuite celle du général de l'ordre des Dominicains, Léonard de Mansuetis et celle de Ludwig Fuchs, prieur de son couvent.

Félix Faber partit d'Ulm le 9 avril 1480 et se rendit à Memmingen, où il trouva le jeune Georges von Stein, que son père Hippolyte von Stein, gouverneur de la Haute-Bavière, envoyait à Jérusalem pour y être armé chevalier du Saint-Sépulcre[1]. Après avoir traversé le Tyrol, les deux

---

1. MM. R. Röhricht et H. Meisner citent d'après le Stammbuch des. Bayerischen Adels de Hundt, tome Ier, p. 244, les noms de deux autres pèlerins allemands : Im Jahre 1480 pilgerte Christian von Kamer mit dem Sohn des Wolfgang von Münchdorf. Deutsche Pilgerreisen nach dem heiligen Lande. Berlin, 1880, page 500.

voyageurs arrivèrent à Venise et descendirent au Fondago dei Tedeschi, d'où ils furent conduits à l'hospice de Saint-Georges. Félix Faber donne peu de détails, dans sa première relation, sur son séjour à Venise; il nous apprend seulement que, dès les premiers jours, la discorde éclata entre les pèlerins français et les pèlerins allemands et qu'elle ne fit que s'accentuer pendant la traversée[1].

Dès la première relâche, à Parenzo, on trouva les habitants livrés à une profonde terreur; elle leur était inspirée par la présence de la flotte ottomane à Valona. On racontait que la mer Adriatique était sillonnée par des navires turcs qui capturaient tous les bâtiments chrétiens et en massacraient les équipages. A Curzola, on conseilla aux pèlerins de ne point continuer leur voyage et de retourner à Venise; il en fut de même à Raguse où on leur représenta qu'il serait plus prudent d'attendre, dans cette ville, des circonstances moins périlleuses.

A leur arrivée à Corfou, les pèlerins de la Souabe et de la Bavière furent conduits dans une masure située dans le faubourg[2]. Ils y apprêtèrent leur repas, puis ils rejoignirent

1. Cette rivalité entre les Français et les Allemands en Terre Sainte avait été fort vive à l'époque des Croisades et pendant la domination latine. Jacques de Wurzbourg, dans sa description de Jérusalem, s'exprime sur ce sujet avec la plus grande véhémence. Johannis Wirziburgensis descriptio Terræ Sanctæ, dans les Descriptiones terræ sanctæ publiées par M. Tobler, Leipzig, 1874, p. 153-156.

2. Lengherand dit aussi que les pèlerins soupaient et couchaient dans les maisons du faubourg. « Et assez près comme tenant de la ditte ville de Corfou y a ung grand bourg ou touttes gens de mestier, marchans et autres gens vendant vins et viandes demeurent; auquel lieu les aucuns souperent et coucherent. » Voyage, p. 96.

leurs compagnons et ils allèrent, tous ensemble, se présenter devant le capitaine général de l'escadre vénitienne. Ils lui remirent la lettre que le Sénat leur avait fait donner à Venise. « Quel acte de folie allez-vous commettre ! s'écria Vittore Soranzo après l'avoir lue : quoi ! vous voulez continuer un voyage pendant lequel vous exposez vos corps et vos âmes aux plus cruels périls ! La mer est au pouvoir des Turcs dont la barbarie est sans égale ; vous ne pourrez leur échapper ! Retournez à Venise ou restez dans quelque port, en attendant que les nouvelles soient moins fâcheuses. Si, malgré tout, vous persistez à vous rendre en Orient, procurez-vous un autre navire, car je ne laisserai pas partir votre galère qui est une galère de St-Marc. » Ces paroles prononcées avec emportement ébranlèrent la résolution de quelques-uns des pèlerins. Les évêques de Genève et du Mans résolurent de retourner à Venise et quarante pèlerins, la plupart français, suivirent leur exemple. Faber se félicite de leur départ, car les discussions entre Français et Allemands étaient journalières. Les gens de la suite de l'évêque de Genève passaient leur temps à jouer ; ils ne cessaient de jurer et de chercher querelle aux Allemands. « Les Français, ajoute Faber, sont des gens orgueilleux et très passionnés ; une inspiration divine leur fit quitter la galère ; s'ils n'étaient pas partis, il y aurait eu à bord, avant le débarquement à Jaffa, des rixes sanglantes. »

L'arrivée des pèlerins à Candie fut pour les habitants l'objet d'un profond étonnement, car un grand nombre de riches négociants turcs de Constantinople étaient établis dans cette ville et ils répandaient, au sujet des entreprises de leurs coréligionnaires contre Rhodes et contre l'Italie, les nouvelles les plus alarmantes pour les chrétiens.

A Jaffa, les pèlerins durent attendre, pendant sept jours, l'autorisation des autorités de Jérusalem avant de pouvoir débarquer. Après avoir consacré neuf jours à visiter les Saints Lieux, ils revinrent à Jaffa à l'exception de deux Anglais, qui se rendirent au Sinaï, pour visiter le couvent de Sainte-Catherine. Les fatigues et les privations firent naître les maladies : presque tous les pèlerins étaient exténués à leur arrivée à Chypre. Les gentilshommes qui eurent la force de faire le voyage de Nicosie s'y rendirent, pour recevoir de la reine Catherine les insignes de l'ordre de l'Épée.

Au moment de partir, Agostino Contarin prit à son bord son frère Ambrogio Contarin et sa femme. Ambrogio retournait à Venise, après avoir rempli pendant deux ans, à Chypre, les hautes fonctions de bayle. La navigation de la galère fut malheureuse à partir de ce moment, le vent contraire ne lui permit pas, pendant trois jours et trois nuits, de faire bonne route, et elle dut se réfugier dans le port de Baffo. Agostino, en s'éloignant de ce port, avait l'intention de se diriger directement sur Candie, en se tenant le plus loin de Rhodes qu'il lui serait possible ; mais le calme entrava sa navigation. Au bout de quelques jours, on signala une galère armée en course qui s'approchait à toute vitesse ; dans la crainte d'être attaqué par des Turcs, on courut aux armes et on se prépara à une résistance désespérée. On se remit de cette alarme en reconnaissant que la galère était vénitienne : quand elle se fut approchée à portée de la voix, elle annonça que les Ottomans avaient levé le siège de Rhodes et s'étaient embarqués. Le manque de vivres et d'eau détermina Agostino Contarin à se diriger vers cette ville : sa galère se présenta pendant la nuit devant le port. A peine fut-elle signalée, que les murs se couvrirent de soldats ; tout fut disposé pour repousser une attaque et un coup tiré par une bombarde remplit d'effroi le cœur des pèlerins. La galère fut reconnue être un navire chrétien et tous les préparatifs de défense cessèrent aussitôt. Le lendemain, des chevaliers vinrent faire la visite de la galère et passer la revue des passagers qui furent autorisés à descendre à terre. La ville présentait l'aspect d'un monceau de ruines ; les remparts, les tours, les édifices publics et les maisons avaient été démolis par l'artillerie de l'ennemi ; les rues étaient encombrées de gros boulets de pierre lancés par les batteries des assiégeants. Les cadavres des Turcs n'avaient point encore reçu la sépulture et le rivage était couvert de ceux que la mer avait rejetés.

On resta quatre jours à Rhodes. L'île avait été entièrement ravagée par les Turcs et les denrées étaient hors de prix. Faber, atteint de la dyssenterie, se croyait arrivé à son heure dernière, son compagnon Georges von Stein, aussi malade, voulut acheter deux poules et il dut les payer un ducat. Au moment de partir, Agostino Contarin reçut à son bord des chevaliers de Saint-Jean qui, pris par les Turcs et incorporés dans leur armée, avaient réussi à se réfugier dans la ville, et quelques Juifs qui s'étaient vaillamment comportés pendant le siège. Georges von Stein, de son côté, recueillit un chevalier autrichien qui s'était, après une longue captivité, échappé des mains des Turcs et était réduit au plus affreux dénûment. Le récit du voyage de Rhodes à Candie et de Candie à Corfou ne contient aucun fait qui mérite d'être signalé.

A partir de Corfou, la traversée fut des plus pénibles : assaillie par des tempêtes furieuses, la galère courut deux fois le risque de périr corps et biens, près des îles de Gazopoli et en sortant de Lesina. Elle put enfin gagner le port de Parenzo, et après y avoir relâché pendant cinq jours, elle entrait à Venise le matin du sixième jour.

Georges von Stein et les chevaliers allemands ne s'arrêtèrent pas dans cette ville; Faber, malade, y resta quinze jours pour recevoir les soins des médecins.

Lorsqu'il eut recouvré la santé, il partit en compagnie d'un marchand et il se rendit à Trévise. Il fit seul la route de Trente à Nazarit[1]. Dans ce village, il retrouva quatre Anglais qui avaient fait avec lui le pèlerinage de la Terre Sainte. Ceux-ci voulaient partir le même jour pour

---

[1]. Nassereit, dans le Tyrol, entre Innsbruck et Landeck.

franchir le mont Cervius[1] *et pour éviter la rencontre des troupes que le duc d'Autriche envoyait au secours du château de Kregen, assiégé par le comte Eberhard de Wurtemberg. Ils prièrent Faber de se joindre à eux, mais celui-ci, qui voulait goûter un jour de repos, ne consentit point à accéder à leur désir.*

Il se remit en route un jour plus tard et se trouva au milieu des soldats du duc d'Autriche. Des écuyers le prirent sous leur protection et l'escortèrent jusqu'à Kempten (Campidona). Il y retrouva, à l'auberge de la Couronne, les quatre Anglais qui l'avaient quitté l'avant-veille. En traversant une forêt, près de Kempten, ils avaient été attaqués par des brigands, jetés à bas de leurs chevaux, blessés à coups d'épée, entraînés dans l'intérieur de la forêt et complètement dévalisés.

Le lendemain, Faber et son escorte entraient à Memmingen; il y demeura une journée. Le jour suivant, fête de Saint Othmar, il rentrait dans sa cellule du couvent des Dominicains, à Ulm. « Je le dis en vérité, s'écrie-t-il en terminant son récit, ce premier pèlerinage a été pour moi cent fois plus difficile et plus fatigant que le second; j'y ai été exposé à bien plus de périls et sur mer et sur terre. Les pèlerins qui m'accompagnaient étaient beaucoup moins tranquilles. Il y avait parmi eux des gens très violents et des disputes s'élevaient tous les jours. Nous avions avec nous

1. Auf dem Fern, col près de Nassereit, sur la route de Kempten à Innsbruck.

INTRODUCTION　　xxxiii

quelques Picards qui se livraient au vol; enfin d'autres pèlerins étaient constamment malades. Des gens sans expérience disent que la traversée de Venise à Jaffa est une promenade et que l'on n'y court que peu ou point de dangers. O mon Dieu, quelle triste récréation ! quelle ennuyeuse promenade ! de combien de misères n'est-elle point semée ! J'ai vu, ajoute-t-il, bien des jeunes gens ne pouvoir les supporter et succomber, et je réclame pour les pèlerins de la Terre Sainte les sympathies et la compassion qu'ils méritent. »

L'analyse que je viens de faire de la relation du frère Félix Faber me permettra de résumer, d'une manière bien plus rapide, celle de Sancto Brascha. On ne possède que très peu de renseignements sur ce personnage. Nous savons seulement qu'il appartenait à la noblesse milanaise; son père Matroniano Brascha était, en 1468, un des députés du quartier de Porta Ticinese chargés de surveiller la construction du dôme de Milan. Le tombeau de Sancto Brascha se trouve dans l'église de Sainte-Euphémie, mais l'inscription qui y est gravée ne nous donne ni la date de sa naissance, ni celle de sa mort : elle nous apprend seulement qu'il fut deux fois questeur royal (quæstor regius), puis chancelier du duc Ludovic Sforza.

Sancto Brascha partit de Milan, le samedi 29 avril 1480 et arriva le 7 juin à Venise, après s'être arrêté à Pavie et à Ferrare. Son séjour à Venise se prolongea pendant plus d'un mois, et il employa ce temps à visiter les églises, les couvents et les palais de la ville. Il ne relate aucun des faits rapportés par le pèlerin français; il se borne à nous apprendre qu'il fut témoin du retour du capitaine général Antonio Lorédan qui, ayant remis son commandement à Vittore Soranzo, fut reçu en grande pompe et accueilli par les acclamations enthousiastes du peuple. Il mentionne, parmi les singularités qu'il vit à Venise, une femme de Castille établie sur la place de Saint-Marc; elle était née sans bras et elle buvait, mangeait, cousait et coupait son fil avec les pieds.

Sancto Brascha estime à quatre-vingt-dix le nombre des pèlerins qui s'embarquèrent avec lui; il cite aussi parmi eux l'évêque de Genève et l'évêque du Mans et quelques comtes et chevaliers de différentes nations. Le récit de la traversée de Venise à Jaffa concorde avec ceux de Félix Faber et du pèlerin français: Une seule particularité mérite d'être notée. A Curzola, Sancto Brascha alla visiter le couvent des Franciscains qui s'élève sur l'îlot de Sainte-Marie. Il y trouva un religieux, Frà Paolo da Stridone, qui avait longtemps résidé en Palestine et qui mit sous ses yeux, avec une carte de la Terre Sainte dressée par lui, un grand nombre de dessins faits pendant son séjour en Orient.

Agostino Contarin avait distingué, parmi tous les passagers, Sancto Brascha, et il s'était lié d'amitié avec lui. Il lui proposa d'user en sa faveur du droit qu'il avait de

INTRODUCTION   xxxv

faire loger un pèlerin au couvent du mont de Sion[1]. *Sancto Brascha nous apprend encore qu'aussitôt après son arrivée à Jaffa, Contarin expédia à Damas un courrier porteur d'un présent de vases en verre de Murano destinés au Diodar de Syrie*[2].

Parmi les personnes qui accompagnaient le gardien du couvent du mont de Sion, Sancto Brascha cite un certain Gazella qui était consul des chrétiens[3]. *A leur arrivée à*

---

1. Les capitaines des galères de Venise ne jouirent plus longtemps de cette faveur. Leur insolence, leurs exigences et les avanies dont les religieux avaient été les victimes à cause de leurs méfaits, provoquèrent de justes plaintes. Le doge Barbadigo fit, en juillet 1493, défense expresse aux capitaines des galères de demander l'hospitalité au couvent du mont de Sion. Cette défense fut renouvelée en 1521 par le doge Leonardo Loredan. Historia cronologica della provincia di Syria e Terra Santa di Gierusalemme, opera composta in Spagnuolo dal M. R. P. F. Giovanni di Calaorra, tradotta in lingua Italiana dal M. R. P. F. Angelico di Milano. *Venetia, 1694. Lib. IV. p. 347.*

2. Le personnage dont il s'agit ici est l'émir Yechbek, dont il a été question précédemment, pages XX à XXIV.

3. Tucher, qui visita les Lieux Saints l'année précédente, fait aussi mention de ce personnage qu'il appelle Gatzelo et qu'il dit être chrétien de la ceinture, c'est-à-dire sujet du Sultan. Il ajoute qu'il était drogman du couvent du mont de Sion et qu'il était chargé de conduire les pèlerins. « *Item, am XXVI tag iulij kamen zu uns in die galein der guardian von iherusalem mit zweyen brüdern und irem trütschelman oder gleitzman Gatzello genant, ein crist von der gurtel.* » (F° 9 r° de l'édition d'Augsbourg de 1482.)

Aux termes du traité conclu en 1403, entre Philippe de Nailhac et Hadji Mohammed, envoyé du Sultan Melik en Nassir Faradj, le grand maître de Rhodes avait le droit d'entretenir des consuls à Ramlèh, Jérusalem et Damiette. Ces agents devaient veiller à la sécurité des pèlerins. Ce même traité fixe les chiffres des sommes que ceux-ci devaient payer aux autorités de la Palestine.

« Item, que tous les pellerins qui viendront au Sainct Sepulcre ou à Saincte Katherine en nesun des aultres pellerinaiges ne soient tenus de paier se non les drois accoustumez qu'ils souloient paier avant la prinse d'Alexandrie, c'est assavoir au port de Jaffe, aux gardiens de la marine, chascun pellerin dragme une. Item, à Rame pour le consolat, chascun pellerin dragme une. Item, pour les

INTRODUCTION

Jérusalem, les pèlerins furent conduits à l'hospice de Saint-Jean où ils furent obligés de manger et de coucher sur la terre nue. Sancto Brascha reçut l'hospitalité au convent du mont de Sion, selon la promesse que lui avait faite le patron de la galère.

Nous trouvons dans sa relation quelques détails intéressants sur le quartier de Jérusalem occupé par les musulmans. Il vante la beauté et la belle ordonnance des bazars où chaque corps de métier avait un emplacement distinct ; les parties du bazar où se trouvaient les boutiques des marchands de vêtements, des joailliers, des confiseurs, et des négociants en soieries et en étoffes de coton présentaient un aspect particulièrement agréable. Sancto Brascha rapporte aussi tout ce qui lui avait été dit au sujet de la mosquée d'Omar ; enfin, fait à noter, il nous donne le texte des inscriptions grecques gravées sur le rocher à l'endroit où fut plantée la croix de N. S. Jésus-Christ [1]. *Sancto*

---

gardiens de Rame jusques à Bethnobe, chascun pellerin dragme une. Item, pour le Cassefo (Kachif, gouverneur) de Rame, dragmes trois. Item, en Hierusalem pour le droit du Souldan, à la porte du Sepulcre, pour chascun pellerin dragmes soixante-trois. Item, pour les gardiens de Sainct Samuel, chascun pellerin dragme une et demie. Item, pour le consolat, chascun pellerin dragmes huict. Item, pour truchements, chascun pellerin dragmes quatre. Item, pour le patriarche des Grez, chascun pellerin dragmes deux et demie. Item, pour le gardien de la rue en Bethleen, dragme une. Item, pour le chastellain du chastre de David, dragmes deux. Item, au fleuve Jourdain, chascun pellerin dragmes deux. Item, pour aller en Bethanie et à Sainct Lazar, dragme demie. Codice diplomatico del sacromilitare ordine Gerosolimitano. Lucques, 1737, tome II, pag. 108-109.

1. Et in questo luocho medemo et sobra questo saxo appresso dove fu facta la

INTRODUCTION xxxvii

Brascha fut un des sept pèlerins armés chevaliers sur le Saint-Sépulcre, par le délégué impérial[1].

A la suite du récit du pèlerinage se trouvent consignées toutes les dispositions que doit prendre le pèlerin, tous les achats qu'il doit faire avant de s'embarquer. Je n'insisterai pas sur ces détails; on les retrouve dans presque toutes les relations. Sancto Brascha conseille surtout de se munir de deux bourses: l'une, de grande dimension, doit être pleine de patience; l'autre doit contenir de cent cinquante à deux cents ducats neufs de Venise. Cent ducats sont nécessaires pour payer les frais de la route et il est bon d'en avoir une réserve de cinquante, en cas de maladie ou d'accident. Enfin, comme dernier détail de dépense, Sancto Brascha nous apprend qu'au moment de descendre de la galère à Jaffa, les voyageurs trouvaient rangés sur leur passage le comite,

---

croce e scripto in greco : O theos vasileon ymon presenias irgase sotiriam emmo sotio gis. Che sona in latino : Deus principum nostrorum ante secula operatus est salutem in medio terre. Item, in quel medemo saxo e scripto : Chios niscis vasis to pisteos tes mosi; che significa in latino quod fides (Christus) est fundamentum totius fidei huius mundi. Viagio, f° 23 r°. Le texte de ces inscriptions doit être ainsi rétabli : Ὁ Θεὸς βασιλέων ἡμῶν πρὸς αἰῶνας εἴργασε σωτηρίαν ἐν μέσῳ τῆς γῆς. Χριστός ἐστι βάσις τῆς πίστεως τοῦ κόσμου.

1. Felix Faber nous fait connaître les cérémonies qui eurent lieu dans l'église du Saint-Sépulcre en 1483 pour la réception comme chevaliers des gentilshommes allemands qu'il accompagnait. Evagatorium, tome 2, p. 3-4. Une traduction faite d'après le texte allemand se trouve dans les Anciens Statuts de l'ordre militaire et hospitalier du Saint Sépulchre de Jérusalem. Paris, 1776, page 207. Bénard nous apprend que, de son temps, chaque chevalier devait offrir trente-deux ducats au père gardien et donner un ducat pour l'expédition de son brevet. Le voyage de Hiérusalem et autres lieux de la Terre Sainte, etc. Paris, 1621, page 15.

l'écrivain, le patron juré, l'homme de conseil, le timonier, les trompettes et les tambours, les arbalétriers, les matelots de la proue, le garde de la porte et les cuisiniers, ayant chacun une tasse à la main, et il était d'usage d'y mettre quelque argent. Les recommandations relatives aux frais du voyage sont suivies d'une description de la Samarie, de la Galilée, de Saint-Jean-d'Acre et de Damas, ainsi que de l'itinéraire à suivre pour aller au mont Sinaï et revenir en chrétienté par l'Egypte. Sancto Brascha rédigea cette partie de son ouvrage sur les indications qui lui furent données par le gardien du couvent du mont de Sion et par le supérieur du couvent de Beyrout, qu'il rencontra à Jérusalem.

A la fin du Viagio al Sepulchro se trouvent placées deux pièces de vers ; l'une est une oraison que Sancto Brascha écrivit sur le Calvaire, les pieds nus, le 29 juillet 1480 ; l'autre, à la louange de la Vierge, fut composée par lui au tombeau de Notre-Dame dans la vallée de Josaphat. Enfin, on trouve une lettre latine d'Ambrosio Archinto, sous la date du 9 des calendes de Mars, dans laquelle celui-ci félicite l'auteur de la relation et lui exprime le plaisir que lui a causé un opuscule composé sur une galère au milieu du bruit des vagues, du sifflement des vents et des clameurs de la chiourme. J'ai relevé seulement dans la relation italienne les faits, peu saillants il est vrai, que ne mentionnent ni Faber, ni le pèlerin français; je me suis attaché uniquement à ceux qui ont trait aux particularités du voyage.

Sancto Brascha, qui nourrissait depuis son enfance le

INTRODUCTION XXXIX

projet de visiter Jérusalem, était animé des sentiments de la foi la plus ardente : il a inséré dans son récit non seulement les prières et les hymnes que l'on devait réciter et chanter pendant les visites aux Lieux Saints, mais encore celles qui se rapportaient, pendant la traversée, aux jours fériés. Il raconte, en outre, avec la plus entière bonne foi, un miracle dont il fut le témoin.

Pendant un repas dans le couvent du Saint-Sépulcre, la conversation tomba sur l'impossibilité de conserver du pain à bord, sans le voir, au bout de très peu de temps, se gâter et moisir. Le gardien assura qu'un pain ne subissait aucune altération, après avoir été placé dans le trou où fut fixée la sainte Croix. Sancto Brascha voulut en faire l'expérience, et il affirme qu'à son arrivée à Venise, il trouva le pain aussi frais que le jour où il l'avait placé dans le rocher du Calvaire[1].

Le récit du voyage de Sancto Brascha est dédié au trésorier général milanais Antonio Landriano, qu'il appelle son père et son protecteur. La première édition parut à

---

1. Et qua ve diro una bella experentia facta de quelli sanctissimi misterii; videlicet, che essendo io in dicta chiesa nel triclinio sive luocho dove mangiano li frati, assettato a la mensa loro de rimpecto al patrono de la galea et essendo intrati in ragionamenti quanto sia alieno da la natura humana el navigare et quando presto si guastano le victuaglie in mare, maxime el pane che in un giorno e mufolento, lievasi in piedi el padre guardiano et dice : piglia uno di questi pani, puoi porta lo in galea et dove li pare che mai si guastara tolse questo pane et con devotione lo fece tochare el buccho de la santa croce; puoi lo portai in galea. Et quando fui a Venetia, lo trovai nel grado proprio ch'io lo tolse in la chiesia del Sancto Sepulchro videlicet, fresco, mondo et bello como se alhora fosse portato del forno. Viagio, f° 32 r°.

INTRODUCTION

Milan l'année qui suivit son retour[1] *: la seconde vit le jour six ans plus tard, la troisième en 1487, et la quatrième en 1497. Une autre édition fut publiée en 1519 aux frais d'un prêtre, Niccolò da Gorgonzola. Elles sont toutes fort rares.*

Je n'ai que peu de mots à dire sur l'auteur du Voyage à la saincte cyté de Hiérusalem. *Toutes les recherches que j'ai faites pour soulever le voile qui couvre sa personnalité et son nom ont été vaines.*

La veille de l'Epiphanie de l'an 1325, Louis de Bourbon, comte de Clermont, qui avait fait le voyage de Jérusalem, obtint de Charles le Bel l'autorisation de fonder la confrérie des pèlerins et voyageurs de Terre Sainte, et de construire une église et un hôpital sur des terrains achetés par lui et situés dans la rue Saint-Denis. Cette confrérie venait au secours des pèlerins pauvres, soit à leur départ pour la Palestine, soit à leur retour ; les noms de tous ceux qui faisaient ce pieux voyage étaient inscrits sur ses

---

1. *Itinerario di Sancto Brascha de giorno in giorno alla sanctissima cita de Jerusalem nell' anno M. CCCC. LXXX.* In fine : *Leonardus Pachel et Uldericus Scinzenzeler Theutonici hortatu Ambrosii Archinti hoc opusculum in lucem attulerunt, anno a natali christiano M. CCCC. LXXXI, quinto Kalendas martias. In-4, car. goth.*

Viagio al sepulchro. In fine : *Impressum Mediolani per magistrum Leonardum Pachel anno M.CCCC.LXXXVII die XXVII mensis januarii. 62 ff. non chiffrés. Viagio del sepulchro con le sue ant. et oratione de loco in loco.* In fine : *Mediolani impensa Ven. Presbyteri Nicolai de Gorgonzola M. CCCCC. XIX, die XXVII sept. 46 ff. non chiffrés, fig. s. bois.*

Tobler cite une édition in-12, qui aurait été imprimée à Florence. Bibliographia geographica Palestinæ. Leipzig, *1867, p. 53.*

INTRODUCTION XLI

registres[1]. *Ceux-ci ont malheureusement disparu et un fragment bien incomplet et ne remontant pas au delà de la seconde moitié du XVI*[e] *siècle, a été inséré dans les anciens statuts de l'ordre hospitalier et militaire du Saint-Sépulcre de Jérusalem, publiés vers la fin du XVIII*[e] *siècle*[2].

La seule mention de personnages français, s'étant rendus en Palestine pendant le règne de Louis XI, est faite par Antoine Regnault bourgeois de Paris et voyager de l'archiconfrérie du Saint-Sépulcre, qui alla à Jérusalem en 1549.

Dans la relation de son pèlerinage publiée en 1573, *Antoine Regnault prétend que Louis XI envoya Albert des Roches et Philippe de Comynes, porter au Saint-Sépulcre ses présents et ses offrandes; mais il ne nous fait pas connaître la source à laquelle il a puisé ce renseignement.*

L'auteur de la relation du pèlerinage de 1480 *était, sans aucun doute, un habitant de Paris. Il part de cette ville pour se rendre à Venise et il y revient après avoir visité Rome. Dans le cours de son récit, il emprunte à Paris ses termes de comparaison:* « *Venise est une belle cité, grande comme la moitié de Paris;* » « *et dict on qu'il y a*

---

1. On peut consulter sur l'histoire de la confrérie du Saint-Sépulcre : J. du Breul, Le théâtre des antiquitez de Paris, Paris, 1612, in-4, 528-549; Bénard, Le voyage de Hierusalem et autres lieux de la Terre Sainte, etc., Paris, 1621, pag. 690-737, et enfin les Anciens statuts de l'ordre militaire et hospitalier du Saint-Sépulcre, etc., Paris, 1776.

2. *Parmi les noms des voyageurs affiliés à la confrérie, dont les ouvrages ont conservé une certaine notoriété, on remarque ceux de Jacques Gassot (*1547*), Antoine Regnault (*1549*), André Thévet (*1552*) et Jacques de Villamont, qui fut reçu à Paris le 2 avril* 1605.

plus de batteaux à Venise que de chevaulx ne muletz à Paris. » En parlant du palais ducal, il fait remarquer « *qu'il n'y a point de belle grande salle comme à Paris.* »

Dans sa description du Rialto, on lit ces mots : « *et là, chascun jour, tous les marchans de la ville comparent personnellement pour estre trouvez de tous ceulx qui ont à besogner à eulx, comme font les advocatz au Palais.* »

Dans les quelques mots consacrés à *Lizainne (Lezina)*, le pèlerin nous apprend que derrière cette ville se trouve une colline « *hault comme Montmartre à Paris.* » A Raguse, « *devant les Cordeliers, il y a une moult belle fontaine, qui a dix ou douze tuyaulx, comme celle des Saincts Innocens à Paris* ».

Enfin, pour donner au lecteur une idée exacte de la grandeur de l'église du Saint-Sépulcre, il fait observer qu'elle « *est grande comme l'eglise Sainct Germain des Prez lez Paris au plus, mais elle est moult differente en façon et situation aux eglises d'Occident.* »

Les citations qui se trouvent dans le Saint voyage attestent que l'auteur connaissait bien la langue latine et les saintes Ecritures. Je suppose qu'il était clerc, mais qu'il n'appartenait à aucun ordre monastique et n'avait point été consacré prêtre. En effet, il ne nous dit pas qu'il ait été logé, comme les religieux en avaient le droit, au couvent du mont de Sion, ni qu'il ait célébré la messe soit dans l'église du Saint-Sépulcre, soit dans aucun des sanctuaires de la Terre Sainte. La seule personne dont il parle comme ayant été liée avec lui pendant le voyage, est le secrétaire de Louis de Bourbon, évêque de Liège.

L'intérêt de la relation du pèlerin de 1480 consiste surtout dans la description de Venise et dans le récit des faits dont il y fut témoin ; ce qu'il raconte de Raguse, de Modon, de Candie, de Chypre et de Rhodes est digne d'attention ; la description qu'il donne des Lieux Saints de Jérusalem n'offre rien de saillant, mais je ne puis me dispenser de signaler ce qu'il nous apprend des libéralités de Philippe le Bon. Ce prince avait fourni la somme nécessaire pour l'acquisition, à Ramlèh, d'une maison destinée à servir d'hospice pour les pèlerins ; il avait fait acheter à Venise, et transporter à grands frais à Bethléem, les bois nécessaires à la réparation de la toiture de l'église et il avait aussi offert au couvent du mont de Sion, une magnifique tapisserie de fils d'or, destinée à orner la chapelle du Cénacle.

Il faut noter aussi, comme des faits intéressants, les dangers auxquels furent exposés les pèlerins, à cause de l'absence de sécurité qu'offraient les routes de la Palestine, et l'avidité du patron de la galère, qui n'hésitait pas à sacrifier à ses intérêts personnels la liberté de ses passagers. C'est le récit de ces nombreux incidents qui donne à cette relation un intérêt tout particulier.

Le Voyage de la saincte cyté de Hierusalem *a vu pour la première fois le jour en* 1517, *année dans le courant de laquelle François Regnault faisait réimprimer une nouvelle* édition du voyage à Jérusalem du frère Nicôlas Le Huen[1]. Cette première édition fut donnée sous le titre de : « Le Voyage de la saincte cyté de Hierusalem, avec la description des lieux, portz, villes, citez et autres passaiges, faict l'an mil quatre cens quatre vingtz, estant le siege du grant Turc a Rhoddes et regnant en France Loys unziesme de ce nom. La dicte description d'icelluy voyage faicte et compillée curieusement à l'honneur de tous chrestiens qui vouldront entreprendre ledict voyage, par un pèlerin qui fist ledict voyage ; à commencer depuis le partement de Paris jusques au retour en icelle. Nouvellement imprimé à Paris. Ilz se vendent sur le pont Nostre Dame à l'enseigne Sainct Jehan l'Evangeliste, ou au Palais, au premier pillier. »

[1]. Le grant voyage de Hierusalem divisé en deux parties. En la première est traicté des peregrinations de la saincte cité de Hierusalem du mont Saincte Catherine de Sinay et autres lieux sainctz avec les a. b. c. des lettres grecques, caldées, hebraicques et arabicques avec aucuns langaiges des Turcs translatez en françois.

En la seconde partie est le traicté des croisées et entreprinses faictes par les roys et princes chrestiens pour la recouvrance de la terre sainte et augmentation de la foy comme Charles Martel, Pepin, Charlemaigne, le roy sainct Loys, Godeffroy de Buillon et autres qui ont conquesté la cité de Hierusalem. Des guerres des Turcs et Tartarins : la prise de Constantinoble du siège de Rhodes, la prinse de Grenade avec l'histoyre de Sophie, les guerres et batailles entre le grand Turc et le grand Souldan faictes depuis nagueres. Le chemin voyaige de Romme avec les stations des eglises ou sont les grans pardons et plusieurs aultres choses singulières.

Imprimé à Paris pour François Regnault libraire demourant en la grant rue Sainct Jacques à l'Imaige Sainct Claude. In-4, goth. 212 feuilles fig s. b.

Le privilège « de par le prévost de Paris » fut accordé le 16 avril 1517, après Pâques.

Ce volume se compose de 62 feuillets petit in-4, non chiffrés. Il est orné d'un plan du Templum Salomonis du mons Oliveti et des lieux où Melchisedech et Abraham offrirent leurs sacrifices, ainsi que de douze gravures en bois grossières, empruntées au Rosier des dames, au Supplementum chronicorum et à d'autres ouvrages populaires. On lit à la fin : « Cy finist le voyage de la saincte Terre et cyté de Hierusalem tant par mer que par terre. Nouvellement imprimé à Paris, l'an mil cinq cens et dix sept, le neuviesme jour du mois de may pour Jehan de la Garde, libraire juré de l'Université de Paris, demourant en ladicte ville, sur le pont Nostre Dame, à l'enseigne Sainct Jehan l'Evangeliste, ou au pallais au premier pillier devant la chappelle ou l'on chante la messe de messeigneurs les Presidens. »

Le texte de cette édition, dans lequel les noms des personnes et des villes, même les plus connues, sont défigurés au point d'être méconnaissables, a été reproduit sans aucun changement dans un petit volume réimprimé, quelques années plus tard, pour le compte de Jehan de Sainct Denys.

Ce volume est un petit in-12 de 67 feuillets non chiffrés : le titre est ainsi conçu : « Le voyage de la saincte cyté de Hierusalem avec la description des lieux. villes, citez et aultres passaiges faict l'an mil quatre cens quatre vingtz, estant le siege du grand Turc devant Rhodes et regnant en France le roy Loys unziesme de ce nom. Imprimé nouvellement à Paris. VIII, f. et d. »

On y voit trois gravures sur bois dont l'une représente un sceau autour duquel on lit l'inscription suivante : Sigillum indulgentiarum hospitalis B^te M. de Podio.

Enfin M. Lambert Darmont, Liégeois, en donna une troisième édition sous le titre de « Voiage de la saincte cité de Hierusalem, jointe la description des citez, villes, ports, lieux et aultres passages ; ensemble les cérémonies des Turcs, avec l'estat de leur Empereur, ordre de sa gendarmerie, finances et succès de ses conquestes, etc., piecá descrits par Bartelémi Georgivitz Hongrois, pèlerin dudict voiage, par Leonard Streel, imprimeur juré, aux despens de Lambert de la Coste. M. D. C. » *Cet ouvrage est dédié à noble et valeureux seigneur Edmond, baron de Svartzemberg. »*

La relation du voyage de Jérusalem comprend 29 feuillets in-4 non chiffrés. Le verso du feuillet 27 et le recto du feuillet 29 se trouvent par erreur imprimés aux feuillets 26 et 27, verso et recto.

Les trois éditions sont d'une extrême rareté et on en connait seulement quelques exemplaires, conservés soit dans des dépôts publics, soit dans des collections particulières. L'intérêt que présente la relation de ce voyage, les circonstances dans lesquelles il a été accompli, m'ont déterminé à le

INTRODUCTION LXVII

tirer de l'oubli. J'ai cru utile de joindre au texte quelques notes, fournissant des éclaircissements sur les personnes et sur les lieux visités par le pèlerin. Elles feront ressortir, j'ose l'espérer, la parfaite exactitude de son récit.

PROLOGUE

A L'honneur, gloire et louenge du Saulveur et Redempteur du monde et de sa tressaincte et fructueuse passion, laquelle pour nous remettre en la joyssance de notre ancien heritaige, duquel avions esté privez et dechassez honteusement par la faulte de noz premiers peres, c'est assavoir Adam et Eve, par la sugestion et exhortement du faulx serpent, ennemy implacable de tout l'humain lignaige, a voulu, de son bon gré et franche voulenté, en se offrant à la mort comme l'aigneau au sacrifice, ignominieusement et plus cruellement quonques nul aultre souffrir et endurer pour esmouvoir les devotz chrestiens à la remembrance de sa dicte passion; et, consequemment, à voyager et visiter les

sainctz lieux, lesquelz il a voulu eslire pour faire le rachapt et reparation de l'offense dessusdict.

Et pour ce que plus facillement et à moins de crainte, on ose entreprendre les choses desquelles on a quelque certitude ou congnoissance soit ou par experience ou à la relation d'aultruy, et aussi que les choses du tout incongneues semblent impossibles ou au moins plus merveilleuses quelles ne sont, j'ay bien voulu, en satisfaisant de mon petit labeur et pouvoir aux devotz pelerins chrestiens qui desirent accomplir le voyaige de Hierusalem icculx advertir des lieux, perilz et aultres aventures qui peuvent avenir audict voyage tant pour la grandeur et longue distance du chemin et par mer et par terre, etaz, nations, langaiges et meurs differens que pour le danger des Turcz ennemis de nostre foy; et iceluy chemin, lieux et passaiges avec la diversité des pays que il fault passer, mettre et rediger briefvement par escript, non pas par maniere de cosmographie ou aultres descriptions artificielles, mais simplement et ainsi que les choses se sont offertes en mon entendement pendant ledict voyage par moy fait et accomply, en redigeant au soir par escript ce que le jour avois veu digne de recit, en faisant loyal registre des choses dessusdictes, sans rien y adjouster ou obmettre de la verité, ainsi que par sens oculaire pouvons le congnoistre.

T commençant ledict voyage depuis la royalle cité de Paris jusques audict lieu de Hierusalem, tant à aller que au retour, priant tous ceulx qui ce present traicté vouldront lire et veoir, avoir plus esgart à la verité et simple narration du faict que à la rude composition d'icelluy.

Il fault noter que par tous les lieux marquez en tel signe ✠, il y a pardons de peine et de coulpe.

Le partement de Paris pour aller en la saincte cité de Hierusalem,

Et premierement,

De la ville de Paris à Essonne près Corbeil y a   vii lieues.
De Essonne à Milly y a   v lieues.

LE VOYAGE DE LA SAINCTE CYTÉ

Sainct Mathurin de Larchant[1],   IIII lieues.
Au pont Agasson près Chasteau Landon, IIII lieues.
Montargis, bonne ville,   IIII lieues.
La maison ès Besars[2],   v lieues.
Bouyn[3],   VII lieues.
Cosne, bonne ville,   v lieues.
On passe par Mene[4] et y a II forges à faire le fer.
La Charité, bonne ville,   v lieues.
On passe par La Marche, petite ville.
Nevers, bonne ville et cité,   VI lieues.
Sainct Pierre le Moustier,   VI lieues.
On passe par Ville Neufve,
Molins en Bourbonnois, ville,   VI lieues.
On voit Sainct Pourcin à dextre à une lieue.
Varennes, ville,   six lieues.
Lapallice, ville,   quatre lieues.
Rouane, ville,   huyt lieues.
Tarare, chasteau,   six lieues.
Verpilliere, ville[5],   cinq lieues.
Bourgain, ville,   cinq lieues.
On passe par la tour du Plain[6], ville et chasteau.

1. Larchant, Saint-Mathurin de Larchant ou de Large champ, à une lieue de Nemours. On y conservait les reliques de saint Mathurin, qui avaient la réputation de guérir les fous.

2. Les Besars est le nom de bois qui s'étendent entre Nogent sur Vernisson et la Bussière.

3. Il faut lire Bonny, localité située sur la rive droite de la Loire, au confluent de la petite rivière de Cheville.

4. Il faut lire Mèves, village qui se trouve entre la Loire et Bulcy.

5. L'auteur a dû passer par Lyon qu'il oublie de citer, car il y a plus de cinq lieues de Tarare à la Verpillière.

6. La Tour du Pin.

Le pont Beauvoisin. La qui riviere passe parmy la ville, depart Daulphiné. v lieues.

Savoie

La Guilleberie, grant montaigne et la premiere de Savoye [1], trois lieues.
Chambery, bonne ville, deux lieues.
Montemilian, ville et chasteau fort sur la riviere de Listec [2], trois lieues.
Ayguebelle, trois lieues.
Lachambre, trois lieues.
Sainct Jehan de Morienne, ville et cité et en l'eglise cathedralle d'icelle est le doit de Sainct Jehan Baptiste dont il monstra nostre Seigneur, deux lieues.
Sainct Michel, chasteau, deux lieues.
Sainct Andry [3], deux lieues.
Hourse [4], trois lieues.
Canebourg [5], trois lieues.

Cy après sensuyt le commencement de la montaigne du mont Senys qui dure à monter une lieue et deux lieues de loing, qui souvent est enclose et couverte de moult grant habondance de neiges qui, par temps venteux, cheent et descendent impetueusement sur les chemins, et tuent ceulx qui sont esditz chemins; et après que les neiges

1. Ayguebelette.
2. L'Isère.
3. Saint-André.
4. Peut-être Bourget ou Villardin-Bourget, près de Modane.
5. Lanslebourg.

6   LE VOYAGE DE LA SAINCTE CYTÉ

sont consumez par pluye ou challeur, on trouve les mors et les porte on en la logette que on appelle la chappelle des transsis du mont Senys ; et de là, descendis jusques à Suze, bonne ville   cinq lieues.

Suze¹ est le commencement de Piemont, là ou on commence à compter les chemins par milles; aussi les horloges commencent à sonner aultrement que en France, car ilz sonnent pour midy xxiiii heures et aussi ledict lieu passé, les femmes ne portent plus de chaperons, mais seullement coiffes et cœuvre chiefz.

On passe par Boursebourg², qui est bonne ville emprés Sainct Michel de Estoille³ et est grant montaigne.

Sainct Ambroyse, bonne ville⁴ et vient on à Villaines⁵,   dix milles valent cinq lieues.

---

1. Susa, capitale du marquisat de ce nom, sur les bords de la Dora Riparia.

2. Bussoleno (Buxolinum Secusiensium) est une bourgade bâtie sur les deux rives de la Dora et à la distance de huit kilomètres de Suse.

3. Saint-Michel de l'Écluse et non de l'Étoille, s'élève sur le mont de St-Michel. Cette abbaye de Bénédictins doit son nom de l'Écluse à son voisinage de la Chiusa.

4. San Ambrogio, place autrefois fortifiée, est sur la rive droite de la Dora Riparia et à la distance de 25 kilomètres de Suse.

5. Avigliana est un gros bourg à 30 kilom. de Suse et à 24 de Turin. Il est bâti au pied d'une colline, entre la Dora Riparia et deux petits lacs qui portent le nom de Laghetto della Madonna et de Laghetto di S. Bartolomeo. Avigliana fut déclaré ville franche à la fin du xiv⁰ siècle, par Amédée VI de Savoie.

Resmiers¹, l'hospital Sainct Anthoyne et par Rivolles, bonne ville ².

Thurin, bonne ville, cité et université, x milles qui vallent cinq lieues.

Clynas, Clinacum, bonne ville³, dix milles.

On passe le port de Saluge en un bac⁴.

Lygorne, bonne ville au marquis de Montferrat⁵.

Rolongeatte, bonne ville⁶.

Salasque⁷.

Entre Salasque et Verseil se assemblent les che-

---

1. Il faut lire Riviers. Rivera est un village bâti sur la pente du mont Musine. Il est à la distance de 35 kilomètres au sud de Suse. Rivera portait autrefois le nom de S. Mauro et relevait de l'abbaye de St-Juste à Suse, avant de passer aux mains de la famille des Riva di Brea.

2. Rivoli, à 12 kilomètres 1/2 de Turin, était, au moyen âge, défendue par une muraille fortifiée et un château appelé La Galera. En 1460 Rivoli était gouvernée par Marie, fille d'Amédée, comte de Savoie et femme de Philippe-Marie Visconti : à sa mort, Rivoli fit retour à la maison de Savoie.

3. Chivasso (Clevasium), sur la rive gauche du Pô, est à la distance de 22 kilomètres de Turin. Cette ville et son territoire avaient été cédés en 1435 à Amédée VIII par le marquis Giangiacomo de Montferrat.

4. Saluggia (Saligia, Sulgia) est bâtie sur la rive gauche de la Dora Baltea : les droits de péage prélevés pour passer cette rivière en barque étaient remis aux évêques de Verceil.

5. Livorno (Liberone), gros bourg de la province de Novare et du district de Verceil, à 30 kilomètres de cette dernière ville. Livorno, qui fut cédé à la maison de Savoie en 1630, est situé sur la rive droite du canal dérivé de la Dora.

6. Rolongeatte me paraît être une altération de Larizatte, petite ville placée entre Livorno et Verceil.

7. Salasco, petite ville défendue par un château, se trouve à 18 kilomètres de Verceil. Elle était jadis possédée par la famille des Canera, originaires de Pinerolo.

mins du mont Senys et du mont Sainct Bernard, pour aller à Romme.

Verseil, bonne ville et cité en comté de Verseloys [1]. sept milles.

On commence à prendre des bullettes par escript ou on n'entreroit point aux aultres villes. Hors la ville on passe la riviere de Cerve [2] qui divise Verseloys et la duché de Millenoys, et audict Verseil est la sepulture des ducz de Savoye.

Navoyre, bonne ville et cité [3], dix milles.

On passe à ung bac la riviere de Cresin [4] grosse qui est autant ou plus impetueuse que le Rosne.

Mactance [5].

Millan, bonne ville et grant cité, xv milles.

La grant eglise cathedralle est toute d'un marbre blanc ou albastre, qui est fondée de Nostre Dame et y a un des beaulx et fortz chasteaulx du monde.

En ceste cité sont les corps de sainct Gervais et sainct Prothais et de sainct Vital leur pere. Item, le corps de sainct Ambroise, le corps de sainct Pierre le martyr, sainct Simplicien et sainct Nazare et saincte

1. Vercelli (Vercellæ). Cette ville avait été remise à Amédée VIII de Savoie, lors du mariage de sa fille aînée, Marie, avec Philippe-Marie Visconti.
2. La Sesia.
3. Novare, bâtie sur une éminence, s'élevant dans la plaine qui s'étend de la Sesia au Pô, est située entre l'Agogna et le Terdoppio. Au xvᵉ siècle, Novare avait été possédée pendant deux ans par Jean II, marquis de Montferrat, puis elle était tombée des mains des Visconti dans celles des Sforza.
4. Le Tessin.
5. Magenta, dans le district d'Abbiategrasso, fondée en 297 par Maximianus Herculeus.

Celse, patronne d'Ostian et plusieurs aultres corps sainctz.

Et de là, on va à Sambron¹.

Ponchoul², trois milles.
Cassen, chasteau³, treize milles.

Dessoubz la ville, on passe la rivière de Adam⁴.

Trevy, chasteau⁵, trois milles.

Morango, chasteau; la fin du Millenays et commencement de la Seigneurie des Veniciens⁶.

Martetingue, bonne ville⁷,
Ponctoyr, bonne ville⁸, quinze milles.

1. Lambrate, village situé sur le bord du Lambro, rivière qui se jette dans le Pô à Corte Sant' Andrea.
2. Pozzuolo Martesana, dans la province de Milan et le district de Cassano, au sud-ouest de Gorgonzola.
3. Cassano d'Adda possédait au moyen âge un château-fort. C'est près de Cassano qu'eut lieu, en 1158, entre les Milanais et Frédéric Barberousse, la bataille à la suite de laquelle l'empereur mit le siège devant Milan. C'est également à Cassano qu'Ezzelin III fut blessé mortellement en 1259, et que se livra la bataille où les Torriani furent défaits par les Visconti.
4. L'Adda.
5. Treviglio (*Tres villæ, Trevilium*), à 5 kilomètres de la rive gauche de l'Adda, au sud de Bergame et à l'est de Milan. Les Vénitiens s'emparèrent de cette ville en 1446, mais elle leur fut enlevée en 1453 par François Sforza.
6. Marengo (Marago). C'est dans ce village que furent célébrées, en 1037, les noces de Boniface, marquis de Mantoue, avec Béatrice de Lorraine.
7. Martinengo, gros bourg entouré d'une muraille, à seize kilomètres de Treviglio, s'élève sur la route qui conduit de Bergame à Crémone. Martinengo fut assiégé, en 1441, par François Sforza. Il fut, en 1454, donné en fief au célèbre condottiere Barthélemy Colleoni et, à sa mort, incorporé dans les possessions de Venise.
8. Pontoglio, bourgade située sur la rive droite de l'Oglio : elle fait partie de la province de Brescia et est éloignée de sept kilomètres et demi de Chiari.

Coquaye, chasteau¹, six milles.
Bresse, bonne ville et cité grande², xii milles.
Pesquaire, bonne ville et chasteau³, xii milles.
Ladignace⁴,
Veronne, cité grande, xv milles.
La riviere de Gardeze⁵ qui passe parmy ladicte ville.
Caldiers⁶,
Montebello, chasteau⁷, dix milles.
Vincente, cité⁸, dix milles.
Padoue, cité grant, dix-huit milles.

En l'eglise de Sainct Anthoyne est le corps de sainct Anthoyne de Padoue, qui fut cordelier et en l'eglise de Saincte Justine sont les corps de sainct Luc evangeliste et sainct Mathieu apostre. De Padoue, on

1. Coccaglio, gros bourg bâti au pied d'une colline, à l'endroit où la route se bifurque pour prendre la direction de Bergame et celle de Milan. Au commencement du xvᵉ siècle (1405), il fut enlevé à Berardo Maggi par Pandolfo Malatesta.
2. Brescia.
3. Peschiera, place forte au sud du lac de Garde, à l'endroit où le Mincio en sort, à 43 kilomètres de Brescia.
4. Je crois qu'il faut reconnaître dans ce nom celui de Luzagnan, village du district de Sana, situé entre Vérone et Peschiera.
5. L'Adige.
6. Caldiero (*Cadianum, Calderianus*). Ce bourg, qui s'élève non loin de la route de Vérone à Vicence, doit son nom à des eaux thermales qui, dans l'antiquité, portaient le nom de *Fontes* ou *Balnea Junonis*. Les bains de Caldiero, abandonnés en 1240, sous Ezzelin III, furent relevés par la commune de Vérone qui, en 1493, chargea trois provéditeurs de les administrer.
7. Le château de Montebello Vicentino, sur la route de Vérone à Vicence, à 9 kilomètres de Lonigo, a joué un rôle important pendant les guerres civiles de l'Italie du Nord, au moyen âge.
8. Vicence. Les Vénitiens possédaient cette ville depuis l'année 1304.

DE HIERUSALEM

entre au canal, qui est une petite riviere qui entre en la riviere de Bramete[1], près le chasteau de Stea[2] et est environ quatre milles près de Venise. On monte à engins les basteaulx par dessus une fosse soubz eaue pour entrer en la mer qui ferme Venise. Et y a de Padoue jusques à Venise xxv milles.

De la riche cité de Venise.

Venise est une belle cité, grande comme la moitié de Paris, assise en la mer, toute environnée d'eaue qui court la pluspart de toutes les rues de la ville et vont les petis galliotz et basteaulx parmy lesdictes rues ; et y a des ponts tant grans que petis, tant de boys que de pierre, environ de douze à quinze cens au plus, selon commune estimation. Et est la ville plus peuplée qu'on puisse gueres veoir, car on n'y voit point de jardins et places vuydes, et sont toutes les rues fort estroictes comme environ une toyse de large ; et il y a les plus belles bouticles de toutes marchandises qu'on puisse gueres trouver ; et la plus part des mestiers sont faiseurs de soye et velours, et y a grande quantité de belles maysons, qu'on appelle palays qui ont esté faitz par les seigneurs d'Ytalie et par ceulx de la ville. Chascun seigneur du conseil peult aller de sa maison jusques au grant palays ou

---

1. La Brenta.
2. Stra est une bourgade du district de Dolo, sur la rive gauche de la Brenta, à l'embouchure du canal de Piorego.

se tient le conseil de la ville, tout par la mer qui va par les rues ; et a chascun seigneur sa barque ou batteau pour aller ou il veult. Et dict on qu'il y a plus de batteaulx à Venise que de chevaulx ne muletz à Paris, et que il en vient, chascun an, plus qu'il ne passe de chevaulx parmy Paris. La ville est loing de terre à sept milles, et la plus près est du costé de Padoue, car, de tous costez, c'est plaine mer. Il y a, au corps de la ville, environ six vingtz eglises entre lesquelles Sainct Pierre est la cathedralle ou se tient le patriarche de Venise, prelat de la cité[1].

DE LA CHAPPELLE SAINCT MARC SOMPTUEUSEMENT EDIFFIÉE.

Sainct Marc est la chappelle de la Seigneurie qui est la plus richement paincte que eglise du monde et est la painture mosayque qui sont petites pieces et verrieres de la grandeur d'ung petit denier, boullues en or et azur et aultres coulleurs fort riches et de ces petites pieces sont faictes les voultes et costez d'eglises, tout par personnaiges du vieil Testament et nouveau et, en chascun personnaige, y a des lettres escriptes qui declairent les personnaiges et sont

---

1. L'église cathédrale de Saint-Pierre s'élève dans la petite île qui portait autrefois le nom de Castello Olivolo. La construction en fut achevée en 840, sous l'épiscopat de Orso Participazio. Sansovino en a donné la description dans son ouvrage qui porte le titre de : *Venezia, città nobilissima et singolare descritta già in XIIII libri*. Venetia, 1604, fol. 100-106.

toutes les lettres faictes de ces petites pieces et le pavement est de petites piecetes de pierre de toutes coulleurs et de figures de manieres de bestes, d'oyseaulx et aultres figures fort belles. Aux festes solemnelles, le grant autel est paré du tresor qui est une chose presque inestimable, des ymages, anges, calices, platz, vaisseaulx, chandelliers tout d'or, grans, gros et massifz, garnis de pierres precieuses de valleur inestimable et de toutes sortes de coulleurs. Et est l'Ascension la principale solempnité de la ville; et la veille, à vespres, on met tout avant et vient le duc que la procession et le patriarche vont querre en sa maison au palays joygnant l'eglise; et fut ceste année amené à grant quantité de trompettes, clairons et menestriers, lucz et tous instruments et tous ses chantres de sa chappelle [1].

Devant luy on portoit huyt grans estandars de soye dorée et figurée d'or. Ung gentilhomme portoit sa chaire d'or devant luy; ung autre portoit un carreau couvert de drap d'or et ung homme le plus près devant luy portoit une potence dorée en façon de crosse en ung beau ciel rond, tout de drap d'or frangé et couvert tout de petites pailles d'or pendans par dessus et autour. Après le duc vindrent les six vingtz conseillers de la ville, tous vestus richement,

---

1. Le doge Giovanni Moncenigo, élu le 18 mai 1478, mourut le 5 novembre 1485.
Maffio Girardi, de l'ordre de St-Benoit, fut investi de la dignité patriarchale en 1466. Il reçut la pourpre en 1489 et mourut en 1492.

aulcuns de beau drap d'or, de veloux, de soye et
d'escarlate et fourrez à l'advenent de letices[1] et aultres
riches fourrures. Après vespres, fut ramené aussi à
grant trimphe comme il fut amené. Et les dames
et bourgoyses de la ville furent tout au long de
vespres, qui avoient faict garder leurs places par gens
propres, pour veoir la magnificence et noblesse de
la ville qui se monstre principallement ce dict jour
aux vespres et estoyent si richement habillées qu'il
n'estoyt gueres possible aultre chose souhaicter,
comme drap d'or, de veloux et soye, pierres et
perles precieuses. Et ycelles femmes estoyent trop
plus richement habillées que les hommes[2].

En la grant place, devant le portail Saint-Marc, y
a trois grans mastz de navire auquelz estoient atta-
chez trois grans estandars de soye rouge, fais à personnes d'or moult beaulx et riches, et à chascun
bout du dict portail, hault dessus les portes, y avait
ung petit estandard de semblable couleur. Devant
ledict portail est le clocher ou il y a sept cloches
entre les quelles y en a une qu'on sonne pour
assembler le conseil et toutes les foys qu'on fait
justice. Quant on est dessus ledict clocher, on voit
la ville et la mer tout entour, car ledict clocher est
fort hault et est quarré. Il n'y a point de degrez et
monteroit-on bien à cheval jusques près des cloches,
car sa montée est faicte par galleries qui vont en

---

1. Letice ou lestiche, fourrure de petit-gris.

DE HIERUSALEM

montant tout autour de la tour dudit clocher; et est la couverture de plomb toute dorée de fin or de ducatz, qui est moult belle chose à veoir. Au costé du soleil levant, touchant l'eglise, est le palais fait de belles pierres de marbre et beaux pilliers de marbre et belles galleries tout autour et n'y a point de belle grande salle comme à Paris ou à Padoue et aultres lieux. Et demeure le duc à ung des boutz près de l'eglise. En entrant audict palais, devant les cloches, il y a deux piliers de marbre près l'ung de l'autre environ deux toises; et quant le cas advient qu'un duc forfait, on met ung barreau de fer doré d'or, en façon de gibet, en pend on le duc quant il a offencé à l'encontre de la Seigneurie.

Et près de là, ès galeries dudit palais, y a deux autres pilliers rouges ou sont pendus les gentilzhommes et les seigneurs du conseil quand ilz offensent. Et ceste année presente quatre cens IIII. XX[1], y en eut deux pendus pour ce qu'ilz estoient coulpables de la guerre du roi Ferrant; et, ung jour après, on les enterra a Saint-Zacharie, religion de nonnains.

Et mardy devant la feste Dieu, on pendit deux hommes à la place Realte[2], qui est le millieu de la

---

1. 10 aprile 1480. Anzolo Cavarodo de' Pregadi et Marco Venier di Candia furono impiccati per ribelli di stato. *Libro dei giustiziati, raccolta di tutti quelli che da la serenissima Reppublica di Venezia furono sentenziati a morte, con alcune annotazioni delle sue colpa.* Man. appartenant à M. le commandeur Barozzi, f° 1.

2. Le Rialto.

ville. Et fist en un gibet en l'eaue, à une toise de la rive. L'ung estoit de Venise et l'aultre estoit de Tartarie, pour ce qu'ilz avoient batu ung sergent et rescoux ung prisonnier qu'il menoit parmy la ville en prison ; et fut crié que qui le pourroit reprendre et ramener mort ou vif, il auroit mille livres de baguetins. Pour peu de chose on faict mourir les gens aussi bien grans que petis, et tant de la ville que des estrangiers.

Du hault du clocher, on voit autour de la ville des tours, chasteaulx, eglises, abbayes, religions, monasteres, hospitaulx et villaiges environ quatre vingtz ou cent, tout en la mer.

Toutes les religions et eglises sont fort honnestement parées et aornées, tant en murs, couvertures, parements, belles paintures fort riches que aultres habillemens necessaires à eglises.

Et après Sainct Marc, les Cordeliers[1] est la plus belle de toutes les aultres et y a les plus belles chaires faictes à troys rengées qu'on ne puisse pas trouver ; et semble qu'ilz ayent plus cousté que telle eglise cathedralle y a au pays. Par advis, ilz vaillent plus dix fois que les chaires de Nostre Dame de Rouen, qui sont les plus belles de France. Il y a plusieurs sortes de religions qui ne sont point en

---

1. L'église de Santa Maria Gloriosa est appelée aussi i Frari ou i Frati et plus communément la Cà grande. Le terrain sur lequel elle s'élève avait été donné à saint François par la Seigneurie sous le règne du doge Henri Dandolo. Cf. Sansovino, *Venetia città nobilissima*, f°s 156-161.

France, les ungs vestus de pers, les aultres gris, blancs et noirs.

En l'eglise de sainct Marc, y a plusieurs corps sainctz et belles relicques. Et, comme on dit, y est le corps sainct Marc, combien que on ne le monstre point aux jours solempnez.

En une chappelle, du costé du palais, est la pierre ou Nostre Seigneur se assist quant il dit à la Samaritaine : *Mulier da mihi bibere*, et sert la dicte pierre d'autel. Il y a une ymage de crucifix painte qui a rendu sang, à la dicte eglise, et la porta sainct Loys Roy de France, de Constantinoble et la donna à Sainct Marc[1]. En une aultre chappelle, vers la porte, à dextre, est une ymage de Nostre Dame faicte de la pierre de quoy Moise fist saillir l'eaue pour boire des enfants d'Israel. La grant place de la ville est nommée Realte et là, chascun jour, tous les marchans de la ville comparent personnellement pour estre trouvez de tous ceulx qui ont à besogner à eulx, comme font les advocatz au Palais. Et se aulcun failloit souvent à se comparoir, il seroit tenu pour tromperie et suspect d'estre abuseur de gens. Et en icelle place est la plupart des changeurs de Venise et tout autour se vendent toutes aultres

---

1. On exposait à la vénération des fidèles, le Jeudi Saint, non l'image miraculeuse de Beyrout, mais le sang qui avait coulé de la blessure faite au crucifix par le couteau d'un Juif. Cette relique avait été apportée de Constantinople après la quatrième croisade, et non point donnée à l'église de St-Marc par saint Louis.

marchandises tant sur mer qui passe par la rue que sur ladicte place[1].

En une eglise nommée Saincte Lucie, est le corps saincte Lucie que on voit sur ung autel tout descouvert par le visaige et par les piedz, et le corps est couvert d'ung beau drap de soye. Et dist on que quiconque le voit, se la personne est en estat de grace, sa veue n'empirera jamais jusques à la mort [2].

En une eglise de religieux vestus de pers qui portent tousjours une petite croix en leur main quelque part qu'ilz voisent, est le corps de saincte Barbe (non vierge, *sed vidua*) et plusieurs aultres relicques [3].

En une religion de nonnains ou sont les filles des seigneurs en religion, nommée Sainct Zacharie, à

1. La place du Rialto était, au XVᵉ et au XVIᵉ siècles, entourée de galeries (sottoportici) dans lesquelles se trouvaient les boutiques des orfèvres et des bijoutiers. La partie appelée Drapperia était occupée par les drapiers et les marchands qui vendaient les velours, les soieries, les étoffes brochées d'or et les verreries de Murano.

2. L'église de Ste-Lucie fut construite en 1192 ; elle reçut primitivement le nom d'église de l'Annonciation. Elle fut désignée sous celui de Sainte-Lucie lorsqu'elle reçut le corps de cette sainte, qui fut apporté de Constantinople par Henri Dandolo. Sansovino, fᵒ 148.

3. L'église et l'hôpital de Santa Maria de' Crocicchieri ou religieux de St-Julien furent bâtis par Pietro Pussoni. Les Crocicchieri en prirent possession en 1148. Le corps de sainte Barbe, apporté de Constantinople par Giovanni Orseolo, fut d'abord déposé dans l'église de St-Marc et, plus tard, transporté à Santa Maria de' Crocicchieri. Sansovino, fᵒ 147.

L'église de Santa Maria de' Crocicchieri est désignée dans la relation du Seigneur d'Anglure sous le nom de « Saincte Marie Cresequier : Item, à Saincte Marie Cresequier est le corps de Sainte Barbe, vierge : *Le saint voyage de Hierusalem* publié pour la société des anciens textes français par F. Bonnardot et A. Longnon, Paris, 1878, p. 3.

l'entrée de la porte, soubz le portail, y a une petite
chappelle ou il ne peult tenir que trois personnes à
la fois. Et y a une piece du tumbeau Nostre Seigneur et une des pierres de quoy sainct Estienne fut
lapidé. Et derriere le grant autel, est le corps entier
de sainct Zacharie prophete et pere de sainct Jehan
Baptiste[1]; sainct Gregoire, evesque de Negente[2] et le
corps sainct Théodore[3] et plusieurs corps sainctz.

En une religion de moynes blancs est le corps
entier de saincte Heleine, mere de Constantin l'empereur, laquelle trouva la croix de Nostre Seigneur[4].

Sur le portail de Sainct Marc, y a grans chevaulx
de cuivre qui ont été mis en signe de victoire pour
ce que ung empereur sarrazin avoit juré qu'il feroit
son estable de l'eglise Sainct Marc. Touttes foys il
faillit, car son filz qui estoit chef de l'armée fut
prins par les Veniciens et s'en retourna l'empereur

---

1. L'église de St-Zacharie fut reconstruite en 828 par le doge Giustiniano
Participazio. L'empereur Léon envoya de Constantinople non seulement
les sommes nécessaires aux travaux, mais encore des architectes et des ou-
vriers habiles. Pour perpétuer le souvenir de ces bienfaits, le Doge fit sculp-
ter sur les chapiteaux des colonnes les aigles impériales.

La plus grande partie des reliques que l'on y vénérait avaient été données
par l'empereur Léon au Doge Giustiniano Participazio, qui les légua, par son
testament, à l'église de St-Zacharie.

2. Saint Grégoire, évêque de Naziance.

3. Il faut lire saint Tarasius au lieu de saint Théodore. Sansovino, f° 134.

4. L'église de Ste-Hélène, dans l'île de Lena, avait été construite en
1420 par Alessandro Boromeo de Florence. Le corps de sainte Hélène,
apporté de Constantinople à Venise en 1112, avait été déposé d'abord à
St-Marc, puis en 1208 à l'église de' Carmini et enfin dans celle qui est placée sous son vocable. Sansovino, f° 170.

confus. Ledict empereur par force avoit jecté le pape hors de Romme, et s'en vint le dict pape en habit dissimulé en une abbaye nommée Nostre Dame de la Caritas, à ung quart de lieue de Venise, et là servit tous les moynes sept ans et estoit varlet de cuisinier. Mais après la victoire faicte par les Veniciens contre l'empereur, il fut congneu et fut remis par les Veniciens en son premier estat à Romme. Et donna pardon à l'abbaye de plaine remission durant trois jours en l'an, c'est assavoir *Dominica in passione*, le lundy et mardy ensuyvant[1]. En une eglise estant és faulxbourgs de Venise nommée Morant y a les corps de cent Innocens et plusieurs aultres corps sainctz y a qu'on ne peult pas veoir qui n'a quelque moyen[2].

Il y a une grande place qui dure environ une lieue de tour nommée l'arcenal en laquelle, partout

1. Les quatre chevaux en bronze doré qui ornent la façade de St-Marc échurent aux Vénitiens dans leur part des dépouilles de Constantinople, en 1204. Ils ne furent donc pas placés pour perpétuer le souvenir de la victoire des Vénitiens sur Othon, fils de l'empereur Frédéric Barberousse. Le pape Alexandre III vécut inconnu pendant son séjour à Venise parmi les chanoines réguliers de Santa Maria della Carita. Cette église avait été fondée en 1119, par Marco Giuliano. Les chanoines firent placer au-dessus de la grande porte l'inscription suivante : Alex. III, Pont. max. Federici a rabie profugus, has sacras Regularium œdes pro munere receptæ hospitalitatis inexhausto indulgentiarum thesauro perpetuo dicavit. M. C. LXXVII. Sansovino, f° 185.

2. Ces reliques sont conservées dans l'église paroissiale de Murano. « Et.. .. *navigavimus ad ecclesiam parochialem, ubi plebanus ostendit nobis in tumba una multa corpora integra de sanctis Innocentibus quibus deosculatis, transivimus ad fornaces vitriatorum*. » F. Felicis Fabri *Evagatorium*, Stuttgart, 1843, tome Ier, p. 97.

autour, par dedans, y a de grandes salles et est une des plus merveilleuses choses qui soit en toute region du monde près de ville, et principallement pour la grant habondance et multitude d'artillerie et de tous harnoys de guerre qui sont ès dictes salles. Et sont chascunes pieces mises par ordre : tout le traict à part, les arcs et arbalestres d'autre, les brigandines et harnoys, heaulmes, sallades et espées toutes nues, lances, javelines, picques, voulges et tous aultres bastons maniables, qui peuvent servir et estre necessaires en guerre, chascun à part en si grant habondance que c'est une chose incredible à qui ne le verroit. Et en ce mesme lieu y a, tous les jours, trois cens hommes aux gaiges de la ville qui font toutes manieres de bateaulx, nefz, gallées et grippes pour aller contre le Turc qui continuellement à son pouvoir si leur faict guerre, sinon depuis un peu de temps que ilz se sont rendus par composition tributaires audict Turc pour ce que il leur avoit prins et destruict plusieurs de leurs ysles, villes, chasteaulx, villaiges et gallées tant sur terre que sur mer, et luy rendent chascun an, en argent comptant, vingt mille ducatz d'or. Et avecques ce, ledit Turc tient maintenant une grande partie d'Esclavonie et Albanie qui souloient jadis estre crestiens, et soubz le pouvoir et domination de la Seigneurie de Venise.

Le dimanche, sixiesme jour de may après diner, je vis arriver l'ambassade du Turc qui venoit pour demander ledict tribut ; et estoit chief ung Grec et disoit on qu'il estoit chrestien regnié[1]. Il estoit vestu de veloux rouge fleuretté de drap d'or et demoura sur le port jusques à ce que les Seigneurs le vindrent recepvoir. Il fut logé trois sepmaines en nostre logis, chez maistre Jehan de Liege à l'enseigne de l'homme sauvvaige [2].

Le jour de la Penthecouste, la ville luy donna une robbe de drap d'or, et à tous ses gens à chascun une robbe d'escarlate. La dicte ambassade estant à Venise, fut faicte la paix du pape et des Venissiens et, par cinq jours, on sompna les cloches de Sainct Marc. Et tous les soirs, à l'entrée de la nuict, on mettoit sur la tour du dict Sainct Marc environ trente falots ardans, et sur chascune tour de la ville semblablement, en signe de joye, qui estoit belle chose à veoir.

Et fut faicte une procession, la plus belle et la

1. Malipiero dans sa Chronique a fait mention de tous les envoyés turcs qui vinrent à Venise depuis le rétablissement de la paix, en 1479 et 1480. Celui qui se présenta à la fin d'avril ou au commencement de mai était envoyé par Ahmed Gueduk Pacha qui préparait à Valona l'expédition qui, dirigée contre la Pouille, s'empara d'Otrante.

Il venait demander la permission pour la flotte turque d'entrer dans le port de Corfou et d'y acheter des vivres. Sa requête ne fut pas admise par le Sénat. Malipiero, *Annali Veneti* dans l'*Archivio storico Italiano*. Florence, 1843, tome VII, page 122.

2. L'auberge à l'enseigne de l'Homme sauvaige (*el selvatego, l'osteria all' insegna dell' uomo selvaggio*) se trouvait dans le quartier de Saint-Marc, dans le « Ramo del Selvadego. » Elle était la propriété de la famille Da Zara et au commencement du xvie siècle, elle passa aux mains des Giustiniani. Cette auberge, qui est mentionnée dans des documents des xive et xve siècles, a été démolie il y a quelques années. Dr G. Tassini, *Curiosita Veneziane*. Venezia 1872, p. 64.

mieulx ordonnée et plus richement parée qu'on pourroit gueres veoir et y estoient le patriarche et le duc presents.

Devant le port, près du palays, y a deux grandes coulonnes de pierre toutes rondes qui ont esté apportées de Constantinoble et sont de la grosseur de deux toyses : sur celle du costé du palays, y a ung lyon d'or qui a de grandes ailes et signifie sainct Marc. Sur l'aultre y a ung grant sainct Michel qui tue ung grant serpent de une lance[1].

Le jour de la feste Dieu, la grant place devant Sainct Marc estoit tendue de draps blancz de laine qui estoient soustenuz sur petis posteaux de boys comme grosses lances. Et passe la procession tout par dessoubz en tournoyant par le palays et tout autour de la dicte place : et là fut veu toute la triumphe et richesse de Venise comme à l'Ascension et y estoient toutes les processions de la ville au plus grant estat que chascun se povoyt mettre[2].

En ceste année mille quatre cens quatre vingtz, estoit patron de la gallée de Hierusalem ung gen-

---

1. Ces deux colonnes, apportées d'Orient, furent dressées, selon les uns, par un Lombard nommé Nicolo Baratieri, selon les autres, par un Allemand, qui obtint le privilège d'établir à leur base des échoppes où se livrait aux jeux de hasard. Ces échoppes ou boutiques furent détruites en 1529, sous le doge Gritti. La statue qui se trouve sur l'une d'elles ne représente pas saint Michel, mais saint Théodore ayant sous ses pieds un crocodile. Elle fut placée au sommet de la colonne en 1329. Sansovino, f° 218.

2. Sansovino a donné une description détaillée de la procession de la Fête-Dieu à laquelle assistaient les pèlerins de Terre Sainte, dans son ouvrage intitulé : *Delle cose notabili che sono in Venetia*. Venetia, 1561, f° 30.

tilhomme de Venise nommé Messire Augustin Contorin[1] qui avoit faict l'année passée le voyage, lequel par l'ordonnance de la ville estoit seul et n'y avoit que son navire, combien que les années precedentes y avoit communement deux gallées. Lequel patron pour ce que, l'an passé, il avoit eu grant perte au voyage et qu'il luy convint faire de grans frais qui n'estoyent point accoustumez de faire pour reparer une faulte que ung dernier patron de devant luy avoit faict contre les Mores par ou il fault passer. Car, par une noyse, il y eut, au partement d'ung port, des dictz Mores tuez par les gens du patron par quoy convient maintenant pour ceste offense payer plusieurs acquitz ; et par ordonnance de la Seigneurie de Venise, ledict patron moderne prend de chascun pellerin pour le passaige, despens et tributz du Souldan, cinquante cinq ducatz d'or et encoires fault il que ilz soyent du coing de Venise.

1. Agostino Contarin, qui appartenait à la famille Contarin, fixée dans le quartier de S. Cassano, était le fils de Benedetto Contarin et de Giustina Giustinian di Andrea. Il avait épousé une fille de Francesco Giustinian et il mourut en 1500. Agostino Contarin ne remplit aucune charge publique. Il était en 1471 comite de la galère qui conduisit Giosafatte Barbaro sur la côte de Caramanie (*Lettere al senato Veneto di Giosafatte Barbaro* publiées par Cornet. Vienne, 1852, p. 1); en septembre 1473 il prit à Chypre le commandement de la galère de son frère Ambrogio Contarin, rappelé à Venise. Il conduisit, en 1479, celle qui fit le voyage de Jaffa et à bord de laquelle se trouvait J. Tucher de Nuremberg, dont la relation a été imprimée dans cette ville par Zeniger en 1482, et la même année à Augsbourg, par Schœnsperger. Le Frère Félix Faber nous apprend qu'Agostino Contarin commandait encore une des deux galères qui firent, en 1483, le voyage de Jaffa. *Evagatorium*, Stuttgart, 1843, t. I, p. 87.

Et touttefoys que le dict patron arrive à ung port, il fault que chascun vive à ses despens propres oultre la dicte somme de cinquante cinq ducatz. Et aulcunes foys, il sejourne à ung port quatre, six, douze ou quinze jours, selon la disposition du vent sans lequel il ne peult aller avant.

Et oultre, pour ce que le dict patron ne faict que deux repas le jour, chascun fait garnyson, à Venise, de plusieurs choses qu'on ne pourroit avoir au navire. Et quant on est mallade, qui n'a aulcune provision est tres mal traicté.

Et premierement, il fault achepter ou louer ung lict, une nate et une corde pour le pendre de jour ; ung petit tonneau à mettre de l'eaue doulce qu'on prent à Sainct Nycolas au partir, pour ce que c'est celle qui se garde le mieulx sans empuantir, et quant on prent terre souvent ès portz, on la doibt renouveller souvent ou elle puroit. Item, ung tonneau à mettre du vin de Padoue qui est un petit vin vermeil et foyble, car les vins qu'on trouve sont si fors qu'on n'en peult boyre et sont gardez les vins de Padoue jusques au port près de Hierusalem pour en avoir au retour.

Item, des janbons ou langues de beuf sallées, du frommaige dur, des potz et des voirres, des pommes doulces, des figues et raisins.

Item : du biscuyt ; c'est pain recuyt qu'on garde sans empirer et est si fort cuyt qu'il est aussy dur du troisieme jour qu'il est au bout d'ung an. Item, des pommès seiches, des dattes, du seucre, des amandes, de la dragée, des syrops et medecines froydes par le conseil des medecins. Car plusieurs, par faulte de peu de chose, meurent par la challeur.

Ceste dicte année dont dessus est faict mention, y avoit environ quatre vingtz ou cent pellerins. Et comprins tous les maistres, gouverneurs et galiotz du navire, nous estions bien grande compaignie. Entre les pellerins estoyent monseigneur l'evesque de Genefve, frere de la royne Charlote de France luy douziesme, monseigneur l'evesque du Mans, qui estoit legat en France luy cinquiesme et plusieurs aultres grans seigneurs tant de France que de Angleterre, Flandres, Allemaigne, que de Ytalie et de toutes aultres regions chrestiennes des parties d'Occident[1].

A Venise ne se prent or ne monnoye estrange pour le pris qu'elle vault au pays dont elle est, soyt de France, Ytalie ou aultre pays, combien que tout or se prent selon son poix; le ducat de Venise vault douze marcelins et quatre marquetz, un marcelin vault dix marquetz, un marquet vault douze baguetins. Un ducat vault six vingtz cuatre marquetz. Ung marcelin vault sept blancz et un denier de

---

1. Jean-Louis de Savoie, fils de Louis II duc de Savoie, fut sacré évêque de Genève en 1460. Il mourut à Turin en 1482.

Philippe de Luxembourg, d'abord évêque de Thérouane, puis évêque du Mans en 1477, après la mort de son père Thibaut de Luxembourg, reçut la pourpre en 1498.

France; un marquet vault deux doubles qui sont deux tournoys et un denier parisis et douze baguetins ne valent que deux doubles qui est ung marquet[1] et ung ducat vault six vingtz douzaines de baguetins.

Il eschappa des prisons ung larron, le compaignon de deux qui furent pendus en Realte et fut crié parmy la ville que qui le pourroit ramener mort ou vif, il auroit mille livres baguetins qui vallent environ cent cinquante ducatz.

Il y avoit plusieurs Juifz en prison pour ce que ilz avoient faict mourir ung enfant de six à sept ans en leur sinagogue, en ung village près de Venise, de semblable mort et en la maniere que mourust Nostre Seigneur, et du sang du dict enfant ilz firent leur sacrifice. Et le vendredy devant la Feste Dieu, ung desdictz Juifz prisonnier, considerant qu'il estoyt coupable et qu'il ne povoit eviter le jugement de mort, il se pendit luy mesme et le vismes tout mort. Il se nommoit Moyses, et disoit on qu'il estoit riche de deux mille ducatz. Le samedy qui fut lendemain, il fut trainé tout mort par les sergens tout autour de la grant place Sainct Marc et les

---

1. Le marcelin est une pièce d'argent frappée sous le règne du doge Nicolò Marcello (1473-1474). Elle avait une valeur intrinsèque de soixante centimes.

Le marquet (marca ou soldo), représentait la dixième partie du marcelin, soit six centimes.

Le baguetin (bagattino, bagatin ou baghero) était une monnaie réelle, valant la douzième partie du sou vénitien.

petis enfans le batoyent de pierres et de batons. On devoit bien tost faire mourir les aultres, mais nous partismes devant. Depuis peu de temps, fut pareillement tué ung petit enfant qui maintenant faict miracles à une ville ou il est, nommée Trante et est en paincture en plusieurs eglises et se nomme Symon *Beatus martyr*[1].

Dedans la cité de Venise ne demourent nulz Juifz, mais aux villes d'entour en y a beaucoup, et sont, tous les jours, au marché à Venise. Il y a plusieurs povres gens chrestiens qui s'en sont fouys de Esclavonie et de Albanie de leurs villes et pays que le Turc a prins à force.

A Venise n'a point d'eaue doulce que de la pluye; et quant les cisternes seichent, il fault aller querir l'eaue au canal de Padoue, à sept milles loing de la ville.

A Venise n'a point de moulins plus près que huyt milles, synon que ung qui est à Morant[2] ou on faict les beaux vairres, qui moulst en une rue quand la mer va ou vient.

---

1. En 1475 les Juifs de la ville de Trente furent accusés d'avoir mis à mort un enfant de cette ville, dont le cadavre fut retrouvé chez l'un d'eux et enterré dans l'église de Saint-Pierre. Philippi Bergomensis, *Supplementum chronicorum*, Venetiis, 1503, in-fol. L. XVI, f° 413.

Le bruit des miracles qui se faisaient sur le tombeau de cet enfant se répandit en Allemagne, en Italie et en France; les aumônes et les dons furent si abondants que l'on put reconstruire avec leur aide l'église de Saint-Pierre, acheter la maison habitée par le jeune Simon et en faire une église. F. Felicis Fabri *Evagatorium*, tome I, page 76.

2. L'île de Murano.

En la ville n'a point de pastissiers, ne de mareschaulx, ne de chevaulx pour demourer, mais de toutes aultres choses Venise est bien garnie.

Le jour de la Feste Dieu, premier jour de juing audict an mil quatre cens quatre xx, fut signifié par le patron que chascun fut au giste en gallée pour faire partement au premier vent utille qui viendroit et y comparut et souppa ledict patron et ses gouverneurs et plusieurs des pellerins qui s'en retournerent à Venise pour ce que ledict patron dist qu'il ne pourroyt sortir encoires et estoit ladicte gallée oultre les chasteaulx de Sainct Nycolas qui sont loing l'ung de l'autre, environ ung grand traict d'arc et est la garde du port, car il fault que tous navires qui voulent venir à Venise passent par là. La pluspart des pellerins coucherent en la gallée jusques au lundy vi^e dudict moys de juing que chascun y comparut. Et après disner, esperant mettre la navire hors du grand port qui est oultre lesdictz chasteaulx fut desployé le grant voille et pour ce que le vent n'estoit point utille à saillir hors, il fut incontinent abatu et fut la gallée encoires encrée jusques à lendemain. Le mardy viie dudict moys, ung peu devant disner, tous les pellerins estant en gallée, le vent estant assez bon, les trois voilles furent desployés à son de trompettes et clerons, et entrasmes en plaine mer et arrivasmes le jeudy ensuyvant à Parence et y a de Venise cent milles.

Parence est une petite cité povre, assise en

la mer, et est presque environnée d'eaue¹ et se nomme le pays Histrie, du nom de fleuve Hister qui est audict pays et comme on dict, c'est le plus grand fleuve d'eaue doulce qui soit au monde. Le philozophe Boetius demoura longtemps sur ledict fleuve en exil. En la ville a plusieurs pommiers de grenade et tous les champs autour de la ville sont tous oliviers. Il y a près de ladicte cité plusieurs petites chapelles : entre lesquelles y a une Nostre Dame ou se font plusieurs miracles et fut faicte en une nuit par les anges comme on dict.

Le samedy xv⁰ jour de juing après souper, qui furent trois jours que les pellerins vesquirent à leurs despens en ladicte cité, la trompette vint sonner par devant le port et par les rues que chascun retournast en gallée; et celle nuyct, environ minuit, nous partismes, et toute la nuit et le dimenche xvi⁰ de juing toute la journée, nous costoyasmes les montaignes de Histrie et passasmes la cité de Polle² qui est la principale de toute la Histrie et

---

1. Parenzo, bâtie entre les embouchures des rivières de Queto et de Lemo, en face de l'îlot de San Nicolo. Parenzo avait été saccagée en 1354 par les Génois, sous la conduite de Paganino Doria et sa population avait été à peu près anéantie par les épidémies de peste qui la désolèrent en 1456, 1467 et 1478. Cf. Ferd. Ughellus. *Italia sacra*, tome V.

2. Pola est au fond d'un golfe. Les Vénitiens y entretenaient une petite garnison, placée sous les ordres d'un gouverneur qui prenait le titre de comte et n'exerçait l'autorité que pendant seize mois. Pola, qui s'était soumise à la république de Venise, en 1331, fut incendiée par les Génois en 1354 et prise en 1412 par Sigismond de Hongrie. Ant. Deville, *Descriptio portus et urbis Polæ*. Venetiis, 1633.

environ vespres, encontrasmes une navire de Venise qui venoit chargée de malvoisie de Candie et parlerent au patron.

Lundy xii⁰, après vespres, passasmes entre l'isle de Sazere et lesdictz costez d'Esclavonie en ung destroit qui n'a que environ trois milles de large[1]. Et en tournant le grant voille devant qu'on entrast audict destroit, le vent fist prendre ung tour à la gallée et l'envoya près desdictes costes et mismes environ deux heures à retourner à l'entrée du destroit et bien tost après souper en passant par devant une chappelle de sainct Pierre et sainct Silvestre, les quatre trompettes et tous les matelots firent trois cris en saluant sainct Pierre et luy recommandant la prosperité de la gallée. Et toute la nuit, nous passasmes par devers plusieurs isles jusques à Jarre, bonne ville.

Et y a de Parence jusques à Jarre cent cinquante milles. A huict milles deçà Jarre est la cité de Nove[2] en laquelle est le corps sainct Anseaumé et le corps saincte Marcelle, servante de la Magdelaine, laquelle Marcelle dist à Nostre Seigneur en preschant : *Beatus venter qui te portavit*. Après sa conversion, elle prescha en ladicte cité de Nove, au pays

---

1. L'île de Sarzere est probablement l'île de Cherzo et le détroit, celui de Morlacca, entre la côte de Dalmatie et les iles d'Arbe et de Pago.
2. Il faut lire Nona au lieu de Nove. Cette ville, désignée dans l'antiquité sous le nom d'Œnona, est située à dix milles au nord de Zara, en face de l'île de Pontadura dont elle est séparée par un canal de quatre milles de largeur, appelé Stretto di Pretezalo.

d'Esclavonie. Et auprès de là y a une montaigne ou sainct Hierosme a demouré longtemps.

Jarre[1] est une cité assise la moitié en la mer et plus grande un tiers que Parence en laquelle est le corps de sainctSymeon, qui prophetisa. *Non visurum se mortem nisi videret corpus Domini. Et accipiens puerum in ulnas, benedixit Dominum dicens : Nunc dimittis,* etc.

Nous ne entrasmes point dedans pour ce que on s'y mouroit; et fusmes environ deux jours devant la ville par deffaulte de vent. Et vismes le matin, environ nostre gallée, grant quantité de poissons, daulphins et marsouins. Au dict Jarre sont les corps de saincte Anastasie, *sanctarum Agapis, Sinonis et Irenis virginum.* Item : *corpus integrum beati Grisogoni martyris, de sacro canone et corpus sancti Zoli confessoris.* Item : une petite partie de l'esponge de quoy les Juifz baillerent du vin aigre et du fiel à boire à Nostre Seigneur. Et de là, on passe long chemin entre plusieurs isles et roches dangereuses et par devant une chappelle de sainct Clement ou les trompetes firent reverence comme le jour devant dict[2]. Et, à l'entrée de la nuyt, nous passasmes entre plusieurs isles entre lesquelles y en a deux

---

1. Zara, dont le nom slave est Zadar et le nom latin Jadera, fut enlevée aux Vénitiens en 1345 par le roi Louis de Hongrie. Le roi Ladislas de Naples la leur céda en 1409 pour la somme de cent mille ducats. L'église qui renferme les reliques de saint Grisogone fut réédifiée en 978 par le prieur Majo.

2. Les îles de San Stefano, de l'Incoronata, de Liguri et de Solta.

ou il n'y a que ung traict d'arc l'une de l'autre et y passa la gallée¹.

Le jeudy xv, un povre pellerin d'Espaigne perdit son bonnet et luy emporta le vent en la mer, en dormant sur le bort de la gallée. Ledict jour, environ disner, trespassa en nostre gallée ung des matelotz aagé environ de xxviii à trente ans et fut cousu et ensepvely tout vestu en une meschante couverture de laine, et mist on dedans ii grosses corbeilles de sablon que on print au fons de ladite gallée, affin que ledict sablon fist enfondrer le corps au fons; et puis incontinent, fut gecté en la mer et fut grant ebahissement; et cuydoit on qu'il fut mort d'epidimie, combien que non. Toute la journée, nous eusmes vent contraire et ne fismes gueres de chemin; et ne perdismes point la terre de veue ou d'ung costé ou d'aultre, par tout le jour. Et le soir, se leva si merveilleux vent qui nous fut si contraire qu'il nous renvoya contre une isle à main senestre, auquel nous convint demourer et encrer pour la terrible impetuosité du vent qui se feist le vendredy et le samedy sans cesser. Et en ladicte isle, descendirent aucun des pellerins et matelotz; et derriere une montaigne, trouverent des maisons et aucunes povres gens qui demeurent en ladicte isle loing de toutes gens; et n'avoyent point d'eglise, mais ilz avoient

---

1. Ce sont les îles d'Ugliano, de Pasman. C'est entre ces deux îles que se trouve le passage étroit appelé Stretto di Cuchlica. C'est probablement celui que mentionne l'auteur de la relation.

une croix près de leurs maisons. En ce lieu, y a des vignes, des pins et des arbres nommez therebintes et autres estranges arbres.

Dimenche XVIII au matin, nous partismes de ladicte isle et passasmes par devant une bonne ville entre grans montaignes ; et est sur le bord de la mer d'ung costé, et d'aultre, hault comme Montmartre près Paris et se nomme Lizainne[1]; et y a de Jarre xxv milles.

En une haulte montaigne dessus la ville est une chappelle de sainct Lyon et à costiere, sur le bort de l'eaue, tout bas, est une religion de Cordeliers. Nous n'entrasmes pas dedans la ville parce qu'il faisoit assez bon vent. Et sur le vespre, le patron cuýdoit arriver de hault jour à Corzole et n'appresta point à soupper jusques à la nuyt que le vent tourna contre nous; et adonc fist tuer deux moutons que nous mangeasmes à soupper. A la fin du jour, nous vinsmes au port de Corzole[2] et, en descendant le grant voille, une des cordes s'eschappa à un galiot et descendit ledict voille si à cap, que le feu s'en alluma ès cordes et encontra ung galiot qui fut

---

1. Liezina ou Lesina : cette ville s'élève sur la côte occidentale de l'île de ce nom. Conquise par le doge Pietro Orseolo en 997, elle fut, en 1358, saccagée et occupée par les Milanais et les Génois réunis. Elle fut, en 1424, incorporée de nouveau aux États de Venise.

2. Curzola était une ville commerçante et un port fréquenté. On y remarquait de nombreux chantiers pour la construction des navires. L'île fournissait en abondance des bois de construction. Elle était administrée par un provéditeur et un camerlingue vénitiens qui étaient remplacés tous les seize mois.

tout meurdry et demoura dessoubz le voille mort; et le lendemain, jour sainct Gervais, il fut enterré par les chanoines de Corzole bien honnestement.

Lundy, jour Sainct-Gervais, nous dinasmes audict Corzole qui est une bonne ville et cité, et fallut cuire du pain pour les pellerins, car les povres gens des pays prochains s'estoient retraitz en la ville pour le danger du Turc qui les chassoit. Il n'y a jusques ès terres dudict Turc, du costé de septentrion, que environ sept lieues. Et se nomme le pays dudict Turc Bossenat[1].

Corzolle est de la seigneurie de Venise et au pays de Dalmacie; et y a de Lizainne jusques audict Corsolle, LX milles. Item, il y avoit en ladicte ville ung mouton qui avoit quatre cornes, chascune environ d'ung pied de long. Nous partismes après disner et arrivasmes à Raguze; et y a de Corzole XV ou XVI milles. Nous veismes sur une grande montaigne ung feu; et, tantost après, en une aultre haulte montaigne dessus la ville en laquelle a une tour, se fist ung aultre signe de feu et est le guet du pays. Et par ce, congnoissent ceulx de la ville combien et de quel part les navires viennent, et le sçavent par lesdictz signes de feu et font cela pour paour du Turc qui les

---

1. La Bosnie avait été conquise et annexée à l'Empire ottoman par Mahomet II en 1464. Le dernier roi, Stefan, avait eu la tête tranchée et tous les habitants, en état de porter les armes, avaient été saisis et enrôlés dans les troupes du sultan. Don Mauro Orbini, *Il regno de gli Slavi*, Pesaro, 1601, in-fol, pages 376-377.

assault tousjours par mer, car aultrement ne pourroyent durer.

A dix milles de là, y a une petite roche environ demye lieue grande, dedans la mer, sur laquelle y a une chappelle de Sainct Andry.

DE LA GRANDE CITÉ DE RAGUSE.

Raguze ou Ragouse, bonne ville, archevesché et cité assise sur la mer est au pied d'une grant montaigne de la septentrion, plus forte et mieulx fermée d'eaue et beaulx murs qui soit de Paris jusques là. Et combien qu'elle soit moult forte, touttefois elle est tributaire au Turc et luy rend chascun an vingt mille ducatz non point à cause d'elle, car elle est assez forte pour resister au Turc, mais à cause des aultres places de sa seigneurie que le Turc destruiroit[1]. Il y a chascun jour, au marché de la

---

1. La république de Raguse fut le premier état chrétien qui conclut un traité avec les Turcs. Elle s'engagea à payer annuellement un tribut de 500 ducats à Sultan Murad Ier (1365) ; ce traité fut renouvelé en 1416 sous Mahomet Ier. Mahomet II exigea de Raguse un tribut de trois mille ducats pour la punir de l'hospitalité accordée aux Grecs fugitifs de Constantinople. Deux officiers ragusains ayant pris part à la défense de Scutari en 1474, Mahomet II exigea que le tribut annuel fût porté à quinze mille ducats. Raguse payait, en outre, des redevances aux rois de Hongrie et de Naples et à la république de Venise. Cf. Orbini, *Il regno degli Slavi* ; *Historia di Raugia, scritta in tre libri da* F. Serafino Razzi, *Lucca, 1595*. P.-I. Giac. di Pietro Luccari, *Copioso ristretto de gli annali di Rausa*. Venetia, 1605.

Le secrétaire de Jacopo Soranzo, qui a écrit une relation du voyage

ville, plusieurs gens grans et petis des places prouchaines qui ne sont ne chrestiens ne sarrazins, et sont gens vivans comme bestes sans quelconque loy ne ordonnance, comme nous veismes et qu'on nous dict en la ville, et vivant paisiblement et moult povrement; et sont esclaves et se vendent comme bestes, tant hommes, femmes que filles et enfans[1]. La grant eglise archiepiscopale est fondée de l'Assumption Nostre Dame, et dessus le grant autel, est une table d'argent doré garnie de belles et grosses pierres precieuses, et y a douze belles ymaiges. En ladicte eglise y a plusieurs belles relicques entre lesquelles est le chief sainct Blaise entier, et plusieurs parties de son corps et est sainct Blaise principal patron de la ville, comme fait sainct Marc à Venise. En l'eglise des Cordeliers sont les plus beaux cloistres et jardins du païs et en y a deux haulx comme l'eglise, esquels

de cet ambassadeur de Venise à Constantinople en 1575, a donné sur Raguse et son gouvernement des détails pleins d'intérêt. *Diario del viaggio da Venezia a Constantinopoli fatto da M. Jacopo Soranzo, ambasciatore estraordinario della S. R. di Venezia al Sultano Murad.* Venezia, 1856, p. 21-31.

1. Le commerce des esclaves à Raguse ne prit fin que dans le XVIe siècle. Les édits promulgués au XVe siècle n'avaient pu le faire cesser : « Homines quos Deus creavit vendunt ex ipsis hominibus tanquam pecora. Et quod pejus est, vendunt Turcis et aliis infidelibus. Talis mercator debeat suspendi ad furcas per gulam. » *Arrêt du grand conseil de Raguse, anno 1466, die 28 aprilis.*

Félix Faber donne les mêmes détails : « Omni septimana est forum magnum in quo venduntur homines ; habent enim certas insulas et terras de quibus nihil aliud habent, nisi certum numerum hominum quos vendunt et de tota Sclavonia venales adducuntur homines ad forum eorum. » *Evagatorium*, tome III, page 360.

y a divers arbres tant oliviers, orangiers, grenadiers, palmiers qui portent les dattes, cicomores, loriers et de toutes aultres manieres d'estranges arbres. Et en chascun des dictz jardins, y a fontaines qui enrosent les quartiers des dictz jardins.

En la tour de l'orloge y a ung kadran qui monstre les jours de la lune, du ciel; et y a escript en la tour de ladicte lune les vers qui s'ensuyvent :

Aspicite, o cives! quid sit revolubile tempus.
Volvitur hec semper non redditura rota.

Item, devant les Cordeliers, il y a une moult belle fontaine qui a dix ou douze tuyaulx comme celle des saincts Innocens à Paris et plus belle beaucop; et si y en a une aultre devant le palays et vient l'eaue à sept milles de loing, parmy les montaignes, et est ladicte eaue très bonne.

Le mercredy xxie jour de juing, nous partismes du port de Raguze après mynuict, et environ midy, passasmes devant la cité de Anthieuvre[1] qui est la premiere cité du pays de Albanie; et y a de Raguze soixante milles. Et puis passasmes une aultre ville, des terres des Venitiens nommée Ducine[2], à cent milles de Raguze et près d'icelle y a une aultre cité nommée Sinthery[3], que lesdictz Venitiens ont baillée

---

1. Antivari.

2. Dulcigno, à l'entrée du golfe du Drin, avait été enlevée au comte Stefano, en 1442, par Francesco Quirini.

3. Il faut lire Scutari. Cette place assiégée par Mahomet II lui avait été cédée par le traité conclu avec la république de Venise le 26 janvier 1479.

au Turc pour avoir paix avec lui ; et est la pluspart d'Albanie au Turc, lequel tient maintenant plusieurs belles et fortes places qui souloyent estre aux Venitiens à cause desquelles il peut maintenant avoir du boys pour faire chascun an cent navires qu'il n'avoit point par avant, qui est ung grand mal, car le Turc ne pourroit faire guerre aux chrestiens s'il n'avoit grande habondance de navires.

Le jeudy ensuyvant, vismes toutes les montaignes d'Albanye et plusieurs villes appartenantes au Turc entre lesquelles y en a une grande et forte nommée Vallone qui souloyt estre aux Veniciens[1]. Et nous dirent les marinniers qu'il y avoit grosse garnison des gens dudict Turc en ladicte ville et avoyt sur le port de la ville grant quantité de navires et gallées audict Turc. Et environ soupper, vismes une gallée saillir devers la ville et cuidions qu'elle vint à nous; et à celle heure, nous faillit le vent et ne pouvoyt

---

1. Valona (Avlona) était gouvernée depuis 1478 par Gueduk Ahmed Pacha qui avait rassemblé dans cette ville, par l'ordre de Mahomet II, une flotte de deux cents voiles et un corps de dix-huit mille hommes qui débarquèrent sur les côtes de la Pouille, investirent Otrante le 28 juillet 1480, l'emportèrent d'assaut et la saccagèrent le 11 août. *Successi dell'armata turchescha nella città d'Otranto, nell' anno* M. CCCC. LXXX. Naples, 1612, 4°. D. Saverio de Marco, *Compendiosa istoria del martirio che nel 1480 incontrorono ottocento naturali della città de Otranto.* Napoli, 1853, pages 1-3. *Saggio istorico della presa di Otranto, e strage de'santi martiri di quella città successa nel 1480* opera di Francesco d'Ambrosio. Napoli 1751. Une série de dépêches diplomatiques et une relation de la prise d'Otrante adressée au duc de Milan, Ludovic Sforza, ont été insérées dans *l'Archivio storico per le provinzie Napoletane,* année 1881, 1re livraison.

aller nostre gallée ne avant ne arriere. Après soleil couchant, avoit sur une grant montaigne dessus ladicte ville plusieurs grans feux que faisoyent lesdictz Turcz; à cause de quoy, nous fusmes bien esbahis et fusmes toute la nuict en grant peur et danger; et firent les pellerins le guet avecques les galiotz toute la nuict, craignant que lesdictz Turcz venissent assaillir nostre gallée. Tous les canons et artillerie estoit preste et chargée pour nous deffendre se ilz fussent venuz. Et cedict jour, vindrent autour de nostre navire plusieurs grans poissons qui getterent le museau hors de l'eaue, comme gros pourceaulx et si est signe de tempeste qui doibt estre sur mer.

Le vendredy, veille Sainct Jehan, nous eusmes maulvaise journée comme avoit esté prenostiqué par le signe des poissons. Et fut la pire journée que nous eusmes depuis nostre partement; car, avec la peur des Turcz, survint merveilleux vent contraire qui dura tout ce jour et nous recula fort loing desdictz Turcz; et tirasmes du cousté de midy tant que aulcuns de la gallée virent les places du royaulme de Polie[1] qui estoit à environ huyt ou dix lieues de nous. Le samedy jour Sainct Jehan Baptiste xxiiie dudict moys de juing, le matin, nous vint assez bon vent qui dura jusques près d'une chappelle de Nostre Dame de Caconsel[2] et environ souleil couchant arri-

---

1. La Pouille.
2. Notre-Dame de Gazopoli.

vasmes à Corphol. Et y a, de Raguze audict Corphol, trois cens milles.

Il vint au devant de nous une gallée de guerre chargée de gens d'armes de Venise qui nous ayda à venir jusques au port pource que le vent nous estoit failly. Et audict port avoit XXIIII ou trente gallées et navires de guerre que le capitaine general des Veniciens tenoit là pour faire ayde à ses necessitez et pour faire sçavoir des nouvelles du Turc aux Veniciens.[1] Tous les gens d'armes desdictes gallées furent fort esbahys de nostre venue. Et disoyent que se n'eust esté le grant miracle evident que Dieu nous fist quant il nous envoya ung vent contraire le vendredy et samedy dernier passé, nous estions tous perdus et prins des Turcz qui passerent nostre chemin par ou nous venismes et en passa par devant le port de Corphol environ quatre vingtz navires qui s'en alloyent pour mettre le siege à Raguze dont nous estions partis le mercredy dernier. Et avec ce, disoyt on qu'il venoit une grant multitude desdictz Turcz par terre audict Raguze pour ayder à ceulx qui estoient sur la mer à prendre et mettre la ville ès mains et subjection du Turc et avoient esté envoyez lesdictz Turcz par le Turc et ses capitaines qui tenoyent

---

[1]. La flotte vénitienne en station à Corfou comptait vingt-deux galères placées sous le commandement de Vittore Soranzo, nommé en 1480 capitaine général de la mer en remplacement d'Antonio Loredan. « Quivi trovassemo el magnifico miser Victore Soranzo, capitaneo de larmata de la Signoria con XXII galee moltobene in ordine. » Sancto Brascha, *Viagio del sepulchro con le sue ant. et oratione de loco in loco*. Milan, 1519, f° 8.

le siege devant Rhodes; et avoit si grant puissance qu'il se povoit bien passer des dictes gallées, et aussi en esperance de retourner et prendre la gallée des pellerins pour ce que le grant Turc estoit adverty qu'il y avoit plusieurs grans seigneurs des chrestiens en la dicte gallée lesquelz il desiroit fort à avoir. Par quoy il avoit envoyé espyer et ambassader par les ports ou devoit passer ladicte gallée des pellerins. Le capitaine general de Corphol estably par les Veniciens, sachant les perilz et dangiers evidens des Sarrazins et Turcz qui espioyent la dicte gallée arresta tous les pellerins audict Corphol et conseilla que nul ne passast oultre, car aultrement, on se mettoit en dangier d'estre perdu. Et nous fist le dict capitaine sejourner audict Corphol jusques à ce qu'il eust aulcunes nouvelles du train que vouloyent tenir lesdictz Turcz et les espies qu'ilz avoyent envoyez; et pour ce que, selon son avis et par le conseil de tous les seigneurs de la cité, nostre gallée ne pouvoit eschapper sans estre en grant peril d'estre prinse par les dictz Turcz, il fut commandé que tous les pellerins s'en retourneroyent; lesquelz pellerins firent de grans plainctes et remonstrances, disans comme ilz estoyent venuz de loing des parties comme de France, Angleterre, Escosse, Espaigne, Flandres, Allemaigne, que plusieurs aultres regions et pays à grans fraitz et despens, en intention d'acomplir leur voyage ou de mourir en icelluy selon la voulenté de Dieu qui les avoit gardez et saulvez de plusieurs dangiers, et qu'il pleust au dict capitaine et seigneur de leur delivrer leur gallée et passaige ; et les pellerins feroyent chascun selon que bon leur sembleroit de passer oultre, de demourer ou de retourner, laquelle chose fut accordée par ledict capitaine, protestant que tous ceulx qui passeroyent oultre, luy feroient une certification comme de leur propre vouloir, et oultre le conseil et commandement dudict capitaine, ilz vouloyent aller oultre, affin que si aulcune fortune advenoyt auxdictz pellerins, ledict capitaine fust excusé et tenu innocent envers les Veniciens et tous ceulx qui pourroient quereller la perdicion des dictz pellerins, si le cas y advenoit. Nous sejournasmes huyt jours audict lieu en grandes altercacions et doubtes. Et quant le patron fist assavoir à son de trompettes que chascun se trouvast incontinent en la gallée, tous les pellerins y comparurent excepté vingt, lesquelz s'en retournerent de paour du Turc et de ses gens qui estoyent sur le chemin ou il falloit passer. Entre lesquelz pellerins estoient monseigneur de Genesve et monseigneur du Mans, deux chevalliers d'Allemaigne et des plus grans de la gallée, auxquelz ledict patron ne rendit à chascun que dix ducatz et ilz en avoyent payé audict patron LV.

Corphol est une cité et archevesché de la seigneurie de Venise et la premiere ville de Grece. Il y a environ dix huyt ou vingt eglises esquelles tout le service se dit en grec, excepté les Cordelliers qui sont latins en l'eglise cathedralle en laquelle on chante aulcunes fois grec et aulcunes foys latin. Toutes les escolles de la ville sont grecques et ne sçavent pas les maitres ung seul mot de latin, excepté à une petite escolle qui est aux Cordelliers. Il y a dedans la ville deux fors chasteaulx sur deux haultes roches quasi imprenables. La pluspart et quasi tous les plus riches marchans sont Juifz. Et y a de toutes sortes de gens : Latins, Ytaliens, Grecz, Turcz et Juifz. Nous estant là, il arriva plusieurs gallées de Veniciens pour garder si le Turc vouloit entreprendre sur eulx, combien qu'ilz ne bailloyent point de secours aux seigneurs de Rhodes, pour ce qu'ilz avoyent treves au Turc. Ung peu deçà la ville, y a une ville destruycte en laquelle y a une chappelle de Nostre Dame et une lampe qui art tousjours sans y point mettre d'huylle; et aussi y a une colonne d'olyve seiche qui, tous les ans, porte des fleurs et du fruict, comme dit est, et est demourée ladicte ville inhabitée à cause d'ung dragon qui estoit soubz une grosse roche et empuentoit les gens de ladicte ville et est à main senestre de Corphol[1]. Et

---

1. Cette localité porte le nom de Casoppo. « Intrando nel canale de Corfu trovassemo una terra grande, ma destruta chiamata Casoppo; la quale se dice esser desfacta da uno dracone dove e una chiesa de Sancta Maria habitata per calogeri Greci in devotione a marinari. Sancto Brascha, *Viago del Sepulchro*. Milan, 1519, f° 7, r°.

Venimus autem ad locum quemdam ubi stat civitas supra mare in monte bene murata sed totaliter desolata per draconis cujusdam flatum. *Exagatorium*, p. 36.

maintenant le Turc tient tous les pays du costé senestre.

Le samedy, premier jour de juillet, environ souleil levant, nous partismes du port dudict Corphol; et pour ce que nous n'avions point de vent, deux gallées nous vindrent ayder environ deux heures, et puis s'en retournèrent. Tout le jour, nous ne fismes gueres de chemin par deffault de vent; on va tousjours près des montaignes de Turquie à main senestre.

Dimenche, deuxiesme jour de juillet, il vint bon vent de nuict et fut la meilleure journée que nous eussions eu encoires de depuis Venise. En souppant, nous passasmes joingnant de l'isle de Gente qui est à deux centz milles de Corphol en laquelle avoit un chasteau lequel a esté destruict depuis ung an par le Turc, et furent tuez tous les chrestiens qui y estoyent. Et est maintenant au dict Turc[1].

Le lundy troiziesme de juillet, environ vespres, nous passasmes devant une grande montaigne nommée le mont d'Arrabie[2] qui est en une isle, et y avoit en plusieurs lieux dudict mont grant fumées et y a des villes et chasteaulx qui sont au Turc. Et à l'entrée de la nuict, veismes une ville sur une grant montaigne nommée Leion et est sur le bort de la

---

1. L'île de Zante avait été conquise par les Turcs en 1479 sur Leonardo III Tocco, comte palatin de Zante et de Céphalonie.
2. Il faut substituer au mot Arrabie celui d'Achaie ou d'Arcadie. L'Arcadie est un district de la province de Belvedere, à l'ouest de la Morée.

mer et sont chrestiens de la seigneurie de Venise qui tiennent plusieurs places au pays de Morée qui est grant region et bon pays[1]. Et passasmes près de la cité de Patras ou sainct Andry fut martyré[2]. Et là est l'abbaye dont sainct Anthoyne fut abbé.

Le mardy quatriesme de juillet, jour sainct Martin, le matin, nous arrivasmes à la cité de Modon. Et y a de Corphol audict Modon CCC milles.

Modon est forte cité bien garnye d'artillerie et est tres bien fermée de murs; devant la ville a un beau hable à enfermer les gallées et navires et est fermée de beaulx murs qui rompaient le flot de la mer[3]. Tous ceulx de la ville sont Grecz combien qu'il y en a de toutes nations de gens qui parlent chascun divers langaiges. Les escoles et eglises sont quasi toutes grecques. Il y a sur les murs et autour de la ville plusieurs moulins à vent.

Et hors la ville, y a grande quantité de maisons moult meschantes, et ne sont que povres logettes plaines de povres gens qui sont comme sauvaiges, noirs comme demy mores, et sont laides gens, pres-

---

1. Ce passage est obscur : le nom de la ville de Jon ou Leion est pour moi trop défiguré pour pouvoir être rétabli.

2. Patras avait été enlevé en 1428 aux Vénitiens par Constantin Paléologue, alors despote de Morée. Les Turcs s'en rendirent maîtres en 1463.

3. Modon avait été attribuée aux Vénitiens dans le partage de l'empire en 1204. Elle fut prise quatre ans plus tard par le corsaire génois Ludovico Vetrano. Elle fut reconquise par Dandolo et Premarino. Le sultan Bayezid l'emporta d'assaut et la saccagea le 10 août 1500.

que tous nudz, qui ont grandes barbes et longz cheveulx et sont chretiens, juifz et sarrazins ensemble. Il y a bon marché de pain et de chair, mais les vins sont si fors et ardans et sentent la poix si fort qu'on n'en peut boire. Tout le pays autour, sont Turcz et infideles. Nous veismes trois Turcz qui estoyent venuz au conseil de la ville pour l'entretenement de leur accord avec les Veniciens. Le principal des trois estoit vestu de veloux noir figuré et feuilleté de drap d'or. Et le soir, quand nous allions coucher en nostre gallée, il y avoit devant l'hostel de la ville grande assemblée de gens. Et vouloit le dict Turc prendre et emmener un povre homme chrestien disant que il estoit son subject et son tributaire, et que s'il ne s'en venoit pour le servir et payer son tribut, que il prendroit sa femme et ses enfants et tous ses biens.

Et incontinent après, le dict Turc s'en alla, et le povre homme demoura. En la ville, il n'y a point d'eaue doulce que de pluye et nous faillut envoyer remplir nostre baril au puys sainct Georges qui est en une lieue dehors de la ville et cousta deux marquetz.

En la grande eglise est le corps sainct Lyon et le chief sainct Anastaise qui fist la credo: *Quicumque vult salvus esse* et plusieurs autres reliques dont il n'est point de mention ès parties de Occident.

Jeudy, sixiesme jour de juillet, nous partismes bien matin du dict lieu de Modon. Après diner, ung matelot laissa cheoir deux chemises en la mer et pour les recouvrer, il saillit après en l'eaue et fut en grant dangier d'estre perdu, car il ne pouvoit retourner à la gallée et furent d'aulcuns d'oppinion qu'on le laissast mourir. Toutefois, les aultres galiotz ses compaignons firent si bonne diligence de descendre la barquette qu'il fut saulvé, moyennant ce qu'il estoit bon ouvrier de nager, car il fut longtemps en la mer.

Environ vespres, nous passasmes pardevant une grant isle nommée le port de Caye[1]. Et en ycelle isle a grant habondance de cailles, car toutes celles du pays de entour tirent à la dicte isle; et aussi y a grant habondance de faulcons et oyseaux de proye et non d'aultres, car les dictz faulcons chassent et mengeassent tous les aultres oyseaux qui viennent au dict lieu.

Vendredy septiesme dudict mois nous passasmes par devant l'isle Cerigue[2] en laquelle y a quatre chasteaulx qui sont aux Veniciens, et au soir, par devant la cité de Napole de laquelle les ditz Veniciens sont seigneurs, et par devant le port de Canée[3] ou nous

---

1. Le port des Cailles (porto delle Quaglie) n'est point situé dans une île, mais à l'extrémité du cap Matapan, sur la côte occidentale. Il se trouve à la distance de douze milles de Porto Parro. « In questo porto, — dit Pagani dans sa relation de l'ambassade de Trevisan, — si pigliano quaglie assai quando fanno passagio da Barberia, e giungono là tanto stanche ed affamate che i villani le pigliano con le mani per esser detto passagio di miglia 700. »

2. Cerigo.

3. La Canée.

cuydasmes aller pour ce que on doubtoit qu'il y eust pestilence à Candie.

DE LA VILLE DE CANDIE.

Dimenche neufviesme de juillet au matin, arrivasmes à la cité de Candie et fusmes devant, loing de la ville, jusques à ce que le patron eut nouvelles certaines si la pestilence estoit cessée. Et vindrent des seigneurs de la cité lui certifier qu'il n'y avoit nul dangier; de quoy chascun fut bien aise, et principallement les galiotz pour cause de vendre leur merchandise.

Nostre gallée entra dedans le port et hable qui est le plus beau et mieulx fermé que je veis oncques, soit depuis Venise jusques à ce. La cité est belle et forte et non pas tant de beaucoup que Raguze. On la fortifie continuellement et est bien artillée. Il y a plusieurs belles eglises entre lesquelles les Cordeliers est la plus belle. L'eglise cathedralle est fondée de sainct Titus evesque; Titus estoit le disciple de sainct Pol et fut ordonné evesque de Candie par sainct Pol et est son corps audict Candie.

Il y a deux eglises de Cordeliers dont les uns sont de l'observance.

En l'eglise des Jacobins y a une ymaige de Nostre

Dame que ung ange a paincte. Toutes les eglises sont grecques excepté les religions et deux ou trois aultres.

Devant la porte de midy, y a une jolye petite chappelle de Nostre Dame qui a esté preservée miraculeusement, car on a fait abattre les maisons d'entour pour fortifier la ville et ladicte chappelle n'a peu estre abatue, et y dit on les heures canonielles aux festes par prestres grecz qui portent tous de grans chappeaulx collez et vernis par dessus, et par dedans sont rouges et ne les portent que lesdictz prestres grecz. Lesdictz prestres sont mariez ; mais, s'il advient que ilz soyent trouvez en adultere avec aultres femmes, ilz sont degradez et spoliez de toute auctorité sacerdotale et ne portent plus le chappeau blanc ne tout autre ornement de prestre ; et sont doresnavant infames et bannis de la compaignie des gens de biens ; et ont plusieurs belles ordonnances touchant l'estat ecclesiastique.

Toutes les maisons, tant de la ville, faulxbourgs que villaiges d'entour, sont haultes et de fortes pierres et sont toutes plates dessus comme une belle salle ; et va on par dessus lesdictes maisons, tout ainsi que par les rues ; et sont painctes et couvertes de cyment si bien que l'eaue y pourroit demourer comme en une cisterne, combien qu'il n'y en ayt point, car, dès environ Noel, il n'y avoit plus comme riens.

Tout le pays est tant sec que c'est adventure

comme il y peut croistre riens. Les vins sont si ardans qu'on n'en sçauroit boire ne que de vin aigre; et se appellent lesdictz vins malvoisie et muscadet et en a on bon marché pour ce qu'ilz sont trop fors et en les beuvant, il faut trois foys plus d'eaue que de vin.

Les raisins, figues et amendes sont bons à manger dès le moys de juing et en treuve on grant habondance aux marchez et recueille on les bledz audict moys.

Nous veismes aux Augustins que on avoit moissonné du blé sur les maysons, car encore y estoit la paille en plusieurs lieux. Il y a assez bon marché de blez et de pain; on vent la farine au poix. Et fault achepter l'eaue qu'on boyt que les gens vont querir environ demie lieue loing sur des asnes; et nous cousta ung baril d'eaue qui n'estoit que la charge d'ung homme trois marquetz qui vallent deux blancs; et fusmes à la fontaine le secretaire de monseigneur de Liege [1] et moy avecques ung bonhomme grec qui portoit nostre baril, et nous cousta encoires à tirer ladicte eaue deux tournoys. Il y a eu depuis trois ans en ça, grande mortalité qui a fort despeuplé le pays et encoires à present, on y mouroit[2]. Et les Grecz ont une coustume que quant

1. Louis de Bourbon, qui occupa le siège épiscopal de Liége de 1456 à 1482.

2. La peste avait désolé l'île de Crète et fait périr vingt mille habitants ; elle avait cessé un mois avant l'arrivée des pèlerins.

Le duc de Candie, Marco Giustinian, qui s'était embarqué l'année prél'homme ou la femme est morte, il y a gens propres qui, ung an durant, vont ès maysons desdictz Grecz, tous les matins, faire de grans cris et lamentations en signe de deuil. Nous cuydions que ce fussent gens enragez qui cryassent ainsi.

Ladicte cité de Candie est moytié dedans la mer et moytié dehors, ès ysles de Crethe qui sont moult grandes et dit on qu'il y a ès dictes ysles dix huit mille tant villes, chasteaulx que villaiges tant de chrestiens, Juifz, Sarrazins, Turcz que de toutes aultres conditions de gens qui sont tous tributaires et subjectz aux Veniciens. Il y a, sur une grande montaigne près de Candie, ung petit hermitaige ou sainct Pol a demouré et preschoit à ceulx desdictes ysles et fut chassé hors desdictes ysles par les habitans de là et s'en alla à Romme. Nous estans audict Candie, nouvelles vindrent que les seigneurs de Rhodes avoyent tué grant quantité de Turcz qui tenoyent le siege devant Rhodes. Il y avoit, au hable dudict Candie, environ vingt grosses naves, tant de guerre comme de marchandise, qui n'osoient passer oultre en leurs affaires, pour doubte desdictz Turcz qui estoyent en grant nombre sur la mer et en Rhodes; et disoyt on que ilz couppoyent les vignes et destruysoient toute l'isle de Rhodes. Plusieurs pellerins

---

cédente à Modon sur la galère d'Agostino Contarin, mourut cette année et l'île fut gouvernée par le capitaine Georgio Fantino. Sancto Brascha, f° 9, *Creta sacra*. Venetiis, 1755, p. III, page 397.

dudict Candie entrerent en nostre gallée pour venir avecques nous en Hierusalem. Nous fusmes quatre jours audict Candie; et y a de Modon trois centz milles.

Le jeudy treziesme de juillet, environ trois heures après minuyct, nous partismes dudict Candie et passasmes par devers l'isle de Scarpente[1] qui est en la fin des isles de Crethe. Et là, laissasmes la droicte voye de Hierusalem pour eviter l'armée du Turc qui estoit en grant puissance devant Rhodes, qui estoit nostre droict chemin, et entrasmes en grant mer. Et perdismes terre de tous costez, en laissant Rhodes à main senestre.

Nous tirasmes du costé de midy, loing dudict Rhodes, par advis des galiotz, environ quatre vingtz milles. Et tous, tant le patron que tous ceulx de la gallée, estions en grant peril et doubte dudict Turc; car si nostre Seigneur ne nous eust preservez en nous donnant bon vent, nous estions perduz et cheuz entre les mains des ennemys de Dieu et de la foy chrestienne qui estoyent sur mer et sur terre. Pour laquelle armée eviter, nous tirasmes vers Barbarie[2] et nous fut force de passer par tout le meillieu du gouffre de Sathalie qui dure de travers cent milles, et est le plus grant dangier qui soyt en tout le chemin pour les grans tempestes, impetuositez et fortunes qui continuellement sont audict gouffre.

1. Scarpanto était depuis 1204 sous la domination des Vénitiens.
2. L'Anatolie.

A cause de quoy, tous les navires passans par là sont en dangier d'estre perdus, periz et abismés. Toutefoys, à l'ayde de Nostre Seigneur, nous eusmes bon passaige, combien que nous estions en grant doubte, tant pour le Turc que pour ledict gouffre auquel les navires dudict Turc ne se oserent bouter pour nous assaillir, car le vent leur estoit contraire et à nous si bon que meilleur ne pourroit estre qui estoit grace de Dieu et miracle evident, car tout le chemin, nous ne eusmes si bon vent comme à ce besoing. Le patron nous conta que, une foys, en passant par devant ledict gouffre, il fut en si grant dangier et eut si grant paour que tout soubdainement sa barbe et cheveulx lui devindrent blancs et encoires à present sont tous gris. Depuis la fin des isles de Crethe jusques au royaulme de Cypre ne vismés point de terre que l'isle de Sathalie qui est à costé du gouffre entre Rhodes et Cypre, sinon ung matelot qui monta en la hune vit des isles de Barbarie, comme il luy fut advis. De Candie en Cypre, y a six cens milles, et est Rhodes au meillieu.

Dimenche seiziesme jour de juillet, environ disner, passasmes par devant la première ville de Cypre nommée Baphe[1] et est une povre cité de laquelle il saillit une gallée subtille armée et garnye de environ deux cens hommes de soudars de Venise qui vindrent traverser la mer au devant de nous et de

---

1. Baffo, l'ancienne Paphos, avait été en 1425 prise et saccagée par l'armée égyptienne commandée par l'émir Taghry Berdy.

nostre gallée pour sçavoir quelz gens nous estions ; et cuydoient que nous fussions Sarrazins de l'armée du Turc. Touteffoys, quand ilz cogneurent que c'estoyt la gallée de Hierusalem, ils firent de grans crys et sonnerent leurs trompettes, clerons et tabourins en nous faisant feste et nous saluant.

Et descendit leur patron en nostre gallée avec trois ou quatre gentilz hommes et nous convoya ledict patron et sa gallée toute la journée, jusques à ce que nous arrivasmes à Nymesson audict Cypre ; et estoit environ après vespres. Tous ceulx de Nymesson se mirent en armes quant ilz nous virent venir de loing ; et estoient à chevaulx sur le bort de la mer et avoyent grant peur, cuydans, comme ceulx de Baphe, que nous fussions des gens du Turc et envoyerent au devant de nous une barque pour sçavoir qui nous estions[1]. Nymesson est une povre cité destruicte des Mores et Sarrazins qui ont abatu tous leurs murs, eglises et maysons[2]. Et n'y a maintenant que deux

[1]. Le F. Estienne de Lusignan donne, dans sa description de Chypre, le tableau des précautions que l'on y prenait pour mettre les villes et les villages du littoral à l'abri de toute insulte. La surveillance des côtes était exercée par quinze capitaines albanais « avec leur suite qui estoient gens de cheval, tous lanciers avec la rudache et coutelasse et demouroient aux bourgs ou villaiges près la mer afin de plus facilement défendre l'isle des pirates. » *Description de toute l'isle de Cypre, etc.* Paris, 1580, f° 218.

[2]. Limassol, dont le nom français était Limeçon ou Nemosie avait, comme Baffo, été saccagée par les troupes égyptiennes. « Il y avait deux églises cathédrales, l'une des Latins et l'autre des Grecs et quatre ordres de mendiants, avec plusieurs autres églises tant des Latins comme des Grecs, sçavoir est, des moynes, des chevaliers templiers et hospitaliers. » *Description de toute l'isle de Cypre*, par R. Père F. Estienne de Lusignan. Paris, 1580, f° 20.

povres eglises dont l'une est la cathedralle faicte de Nostre Dame et l'aultre est grecque. Toutes les ymaiges des eglises sont decouppées de haches et defigurées desdictz Sarrazins qui ont couppé lesdictes ymaiges painctes contre les murs, tant le crucifix, Nostre Dame, les evangelistes que les aultres sainctz. En l'eglise cathedralle y a quatre chappelains dont l'ung est le vicaire de l'evesque. Et est ledict vicaire de Castelongne[1], l'aultre chappelain d'Espaigne, le tiers d'Ytalie et le quart de Bourgoigne. On dict que en tout le royaulme de Cypre n'y a que quatre citez, c'est assavoir Nicosia, archevesché, Famagouste, Baphe et Nymesson. Il y a plusieurs beaulx chasteaulx et villaiges et sont tous Grecz et sont les Veniciens seigneurs du royaulme à cause de la royne qui est de Venise. Les pays sont merveilleusement chaulx et dangereux ; et sont les plus maulvais vins qu'on puisse trouver et sentent si fort la poix qu'on n'en peult boyre. On ne menge gueres que chairs de chievres, car les moutons ne vallent riens. Ce sont gros moutons velus qui ont la queue aussi grosse comme le col et grandes cornes et oreilles pendans comme lymiers. En ladicte isle de Cypre estoit anciennement le temple de Venus renommé par tout le monde, tant pour la grande somptuosité de l'ediffice que pour les superstitions là observées.

1. Catalogne.

Le capitaine noir du chasteau nous dit que en tout le royaulme, il n'y a point de loups, de regnars, de cerfz ne de biches, ne aultres bestes saulvaiges et n'y peuvent vivre pour la grande secheresse et grande challeur du pays. Il y a audict pays des moutons saulvaiges qui ont le poil tout ainsi comme un cerf et courent parmy les champs comme bestes saulvaiges. Tous les chevaulx, jumens, mules, muletz et asnes qui sont nourris audict pays vont tous les embles ou haquenée, naturellement, sans ce que on leur apreigne, comme nous dirent ceulx dudict lieu.

Et en plusieurs lieux dudict pays croist le sucre en canes comme bastons creux ; et aussi y croist le cotton et les pommes de grenade et les cappes.

De Nymesson en Cypre jusques à Jaffe qui est le port des pellerins et commencement de la Terre Saincte, y a deux cens milles.

Le jeudy xxe jour de juillet après midy, nous arrivasmes devant la cité de Joppe dicte à present Jaffe, laquelle fut premierement commencée par le troisiesme fils de Noé nommé Jafet et est le premier port et le commencement de la Terre Saincte. Et fut nostre gallée encrée à un grant quart de lieue dudict Jaffe; et est la coustume, car on n'oseroit descendre ne marcher sur ladicte saincte terre, jusques à tant qu'on ayt congié du Souldan ou de son seneschal qui communement se tient à Rame à dix milles de Jaffe et aulcunes fois en Hierusalem. Et environ vespres, l'escrivain de la gallée et deux de nos truchemens descendirent en Terre Saincte pour porter les lettres de nostre patron audict seneschal pour avoir congié de descendre en terre. Cependant, nous demourasmes là, sans aller avant et arriere, quatre jours jusques au retour dudict escrivain. Et le samedy XXII dudict moys, jour de la Magdelaine, furent tendus et levez deux pavillons par les Mores sarrazins de la terre, près du port, devant nous, pour loger le seneschal du Soudan qui devoit venir pour recepvoir le tribut et les pellerins. Semblablement fut mandé le gardien des Cordelliers du mont de Syon qui vient toutes les foys que les pellerins viennent pour recepvoir les religieux pellerins. Et nous fut dit que ledict gardien avoit esté à Jaffe le jour devant que nous arrivasmes, pour sçavoir se il estoit point de nouvelles de nostre gallée et de nostre venue, et s'en estoit retourné en Hierusalem.

Ce dict jour, aulcuns povres chrestiens tributaires demourans au port de Jaffe, vindrent vers nous et nous apporterent du pain, des œufz, des poyres, des raysins et des grosses choses comme pompons nommez engoric qui sont grosses comme la teste d'ung homme et plus, toutes plaines d'eaue doulce[1] qu'ilz nous vendoyent et a l'en assez bon marché desdictes choses. Tous les soirs, nous voyons grant quantité desdictz Sarrazins qui venoyent sur le port

---

1. Ce sont des melons d'eau ou pastèques qui portent en arabe le nom de « baththikh » et en turc celui de « qarpouz. »

pour nous veoir et en avoit environ XXVI ou XXX sur des chameaulx qui venoyent jusques sur le bort de la mer.

Le Dymenche ensuyvant XXIIIe de juillet, vint en nostre gallée après souper, le messagier du Souldan qui dist au patron que les seigneurs et commissaires dudict Souldan debvoyent venir lendemain; et coucha ledict messagier en la gallée.

Le lundy XXIIIe dudict juillet, veille de Sainct Jacques et Sainct Christofle, au matin, le gardien du mont de Syon vint en nostre gallée dire que chascun se apprestast et que les commissaires estoyent venuz[1]. Et tantost, le gardien et le patron et les quatre trompettes descendirent en terre pour avoir seureté et congié de descendre les pellerins. Et incontinent, nous descendismes. Et à l'entrée de terre, estoient plusieurs Sarrazins en armes qui menoient chascun ung pellerin l'ung après l'aultre devant le gardien et patron et lesdictz commissaires qui prenoient les noms de nous et de nos peres seullement.

Et incontinent que ung estoit escript, ung Sarrazin le menoit en une vieille estable orde comme une

---

[1]. Le révérendissime gardien du couvent du mont de Sion était le père Giovanni Tomacelli, issu d'une noble famille de la province de Sant' Antonio, au royaume de Naples. Il fut revêtu de cette dignité de 1478 à 1481. *Chronica de la provincia de Syria y Tierra Santa de Gerusalen*, par le P. Fr. Juan de Calahorra. Madrid, 1684, page 29. Guarmani, *Gl'Italiani in Terra Santa*. Bologne, 1872, page 416.

estable à pourceaulx et puante. Car lesdictz Sarrazins y avoyent faict leur aysement; et y fusmes tous mis l'ung après l'aultre; et incontinent vindrent vers nous plusieurs povres chrestiens du pays nous apporter du pain, des œufs cuitz, des poyres, des raisins et de l'eaue à vendre et nous vindrent veoir plusieurs desdictz Sarrazins à tous leurs arcz bendez et leurs trousses; et fusmes dans ladicte cave et estable, jusques au mardy lendemain matin après mynuict; et fusmes recontez et contrerollez par lesdictz commissaires en ladicte cave. Et sur le midy, lesdictz commissaires s'en allerent disner soubz trois aultres pavillons qu'on avoit là levez et tenduz pour eulx; et le gardien et le patron descendirent soubz une roche près de l'eaue pour faire collation et disner. Et auprès d'eulx avoit grant quantité de chameaulx, de chevaulx, mulles et asnes pour lesdictz commissaires et leurs archiers pour nous mener, car ilz ne souffrent jamais que les chrestiens voysent de pied ; et prennent grant argent de les mener sur les asnes, et se mocquent desdictz chretiens en disant qu'ilz ne sont pas dignes de marcher sur leur terre. Nous avions grant peur quant nous descendismes à terre de veoir ces merveilleuses gens et si diversement habillez, et aussi pour ce que ilz nous prenoyent soubdainement pour nous mener auxdicts commissaires.

Jaffe est peu de chose, car il n'y a que chasteaux meschans dont l'ung, du costé dextre, est le plus gros, et y a peu de maisons qui sont toutes sur le bort de la mer, faictes en façon de caves, et sont soubz la montaigne comme barbacanes et regardieres. Et est le hable ou port dangereux à approcher, car il est tout clos de roches et pierres. Et estoient les undes grandes quant nous descendismes et fallut que les matelotz entrassent en l'eaue jusques à la sainsture pour nous porter hors de la barque. Et est le lieu ou sainct Pierre se tenait pour pescher quand il dit à Nostre Seigneur : *Domine, salva nos quia perimus* ; et aussi sainct Pierre ressuscita Tabita la servante des apostres, et le lieu ou Jonas fut getté en la mer et englouty de la balaine, pour ce qu'il ne vouloit obeir au commandement de Dieu qui luy commanda qu'il allast prescher en Ninive.

Et le lundy au soir, environ soleil couchant, on nous fist tous saillir dehors pour partir ; et quant nous fusmes sur le bort de l'eaue ou estoient les asnes, subitement on nous rechassa en la cave et y couchasmes. Ce dict jour, ung bonhomme chrestien vendit des patenostres en ladicte cave et en avoit vendu à ung Allemant pour ung ducat ; et un galiot luy dit qu'il estoit trompé et s'en plaignoit ledict galiot au nom dudict Allemant à un Sarrazin, lequel Sarrasin se coursa merveilleusement audict vendeur et le vouloit mener par force devant lesdictz commissaires pour estre puny de ce qu'il avoit trop vendu ; et fist rendre l'argent audict Allemant en reballiant les patenostres, dont nous fusmes esbahis et disoit chascun qu'on n'eust point fait telle raison à Venise ne ès aultres villes chrestiennes. Et bailla ledict Sarrazin audict vendeur trois ou quatre coups de la main sur le col dudict vendeur pour punition. On nous a dit que le Souldan avoit mandé aux commissaires qui nous debvoyent recevoir qu'ilz nous fissent le plus gracieusement qu'ils pourroyent et qu'il vouloit que nous fussions bien traictez.

Ce dict jour, après disner, mardy xxve dudict juillet après minuyt, on nous fist saillir hors de la cave et incontinent que nous fusmes hors, tous les Sarrazins vindrent nous prendre par le poing comme prisonniers et nous baillerent chascun ung asne. Et incontinent, tous les Sarrazins vindrent à cheval à tous leurs arcs et trousses et javelles, les ungs devant, les aultres derriere. Et partismes tous ensemble, et estions que pellerins que Sarrazins xiiii vingtz ou troys cens personnes tous à cheval tant sur asnes, chevaulx que muletz et mulles et fusmes à la cité de Rama à soleil levant qui est loing de Jaffe dix milles et passasmes par deux villaiges [1] ou il y avoit ung petit temple de Sarrazins faict à tournelles rondes comme les moustiers de Venise et y avoit grant quantité de lampes ardans dedans; et autour, avoit deux cimitieres qui estoient plains

---

1. Les deux petits villages que l'on rencontre sur la route de Jaffa à Ramlèh et dont il est question ici, sont ceux de Yazour et de Beit-Dedjan. Les noms de ces deux villages sont défigurés dans la relation de Santo Brascha: « nel camino longe dal Giaffo circa miglia quattro se trova due castelle ruinate, uno chiamato Losor, l'altro Petegneneth. » f° 10.

de pierres agües environ d'ung pied et demy de haut hors de terre, comme les chrestiens font en aulcuns lieux de petites croix sur les fosses des trepassez. En cheminant, lesdictz Sarrazins venoyent aux pellerins et beuvoient le vin de leurs bouteilles ; et ne se pouvoit on eschapper de eulx, combien qu'ils ne faisoient point de mal que aux bouteilles et sont fort frians de vin, car ilz n'en osent boire en leurs villes et maisons s'ilz ne semblent secrettement, car il leur est deffendu en leur loy, mais quand ilz se treuvent avec les chrestiens, on ne les peut saouller de vin.

Nous entrasmes à Rame à soleil levant et nous fist on descendre hors la ville, et feüsmes comptez et mis en une maison et hospital ou demourent aulcuns povres chrestiens soubz tribut[1] ; et là, en une petite court, on chanta la messe devant les pellerins, et plusieurs Sarrazins estoient sur les maisons qui sont toutes plattes et voultées, qui nous regardoyent et se rioyent de nous.

Après la messe, le cordelier qui chanta nous dist, de par le gardien, que tous ceulx qui estoient venus sans la licence du Pape se tirassent vers le

1. Les Franciscains s'étaient établis à Ramlèh en 1296 et y avaient acheté, pour y bâtir un hospice, quelques maisons situées non loin du lieu où s'élevait celle de Nicodème. Le couvent fut construit en 1393. Quaresmius, *Historica theologica et moralis elucidatio Terræ sanctæ*. Venise, 1880-1882, tome II, p. 9, notes.
Le duc de Bourgogne, Philippe le Bon avait, au XVe siècle, acheté une maison à Ramlèh, pour y établir un hôpital pour les pèlerins. Hans Tucher, *Reise nach dem gelobten Land*. Augsbourg, 1482, F° 10, v°.

gardien pour estre absoubz; et aussi que tous les pellerins qui là estoient fussent patiens se aulcuns desdictz Sarrazins leur faisoyent aulcune chose et que nul ne frappast lesdictz Sarrazins, mais que on le feist sçavoir à nostre patron lequel en feroit faire justice par les seigneurs et commissaires du Souldan qui nous menoyent; et au partir de ladicte cité de Rame, chascun s'en alla par ordre la droicte voye parmy le chemin, sans aulcunement marcher sur les sepulchres des Juifz et Sarrazins qui sont ensepulturez hors la cité, car lesdictz Sarrazins tiennent à grand injure contre eulx faicte quant un chrestien passe par dessus les fosses de leurs predecesseurs.

Toute la route, des Sarrazins grans et petis montoyent sur les maisons pour nous veoir et regarder mieulx à leur aise et venoient parmi les chrestiens demander à boire du vin et toutes choses qu'ils veoyent avoir aux chrestiens. En la court dudict hospital, on vendoit toutes manieres de fruictz et vivres auxdictz pellerins et avoit on apporté de Hierusalem du vin en des bouteilles pour le gardien et les religieux et en beurent plusieurs des pellerins. Quant la messe fut dicte le matin, on baissa ung tableau ou estoyt painct Nostre Seigneur et Nostre Dame qui le tenoit mort. Puis, entra en la court ung grant Sarrazin qui alla frapper les dictes ymaiges et les eust rompues que on ne les luy eust ostées. Et nous dit on que c'estoit un chrestien regnié qui sont pires que les aultres Sarrazins et persecutent plus les chrestiens. Ce dict jour, après disner, les Mores Sarrazins vindrent à nostre hospital jouer devant nostre patron et les pellerins d'estranges instrumens en façon de herpes et aultres, et chantoient en jouant, et y estoient les seigneurs et commissaires sarrazins qui nous gardoyent. Et puys, nostre patron fist jouer le tabourin de nostre gallée qui jouoyt de bateaulx et de enchanterie et fesoit muer chastaignes en lymaces et plusieurs aultres choses, et mengoit son cousteau et ses besognes et les fesoit retourner en aultre sorte. Il y avoit grant compaignie de Mores Sarrazins qui estoient esbahis de le veoir.

Ledict jour au soir, les asnes furent admenez en nostre hospital pour aller en la cité de Ledia[1] à deux milles de Rama, ou il y a une eglise de Sainct Georges et là, il fut martyrizé. Item, audict lieu sainct Pierre guerist une femme paraliticque, nommée Enea; et ne y fusmes point, pour ce qu'il y avoit des Arabes qui sont maulvaises gens et nous eussent pillez et batus, car ilz ne sont point subgectz et ne craignent rien.

Ce dict jour, au soir, nous voulions partir pour

---

1. Loudd, Lydda est le lieu de naissance de saint Georges, martyrisé à Nicomédie lors de la première persécution de Dioclétien et de Maximien. Ses restes furent transportés à Loudd, et l'église où ils étaient deposés fut, à différentes époques, détruite par les musulmans. Elle était en ruines au XVe siècle et les Grecs en occupaient une partie.

aller nostre chemin de Hierusalem, mais nous fusmes arrestez et nous faillut coucher en nostre hospital pour ce que ung seigneur de Caire[1] envoya ses officiers contre nous, disant que le tribut que les commissaires du Souldan avoyent de nous receu appartenoit audict seigneur; et lesdictz commissaires disoyent que non pour ce qu'il estoit absent et hors du pays et y eut grant debat entre eulx.

Nous fusmes derechef menez devant les nouveaulx commissaires et appelez par nom, selon que nous avions esté escriptz, et fusmes menez à ung des temples, emmy la court, devant lesdictz commissaires. Et print le patron quinze pellerins et les presenta en disant que c'estoyent des serviteurs de la gallée, l'ung cannonier, l'aultre arbalestrier, les aultres galiotz, affin qu'il ne payast pour eulx que demy tribut combien qu'il avoit reçu de chascun LV ducatz. Et aulcuns desdictz pellerins passerent pour serviteurs, les aultres furent reffusez et payerent plain tribut et n'y vallut riens la cautelle dudict patron combien qu'il gaigna beaucoup sur ceulx qui passerent.

---

1. Il faut substituer au mot de Caire celui de Gazère (Gazza). Moudjir eddin nous apprend que Sibay, gouverneur de cette ville, en était parti au mois de juillet pour se rendre à Jérusalem et de là à Ourtas en passant par Ramlèh. Il avait été chargé de réparer, avec ses soldats, les deux bassins d'Ourtas connus sous le nom de Bourak el Merdjy. Moudjir eddin, éd. du Kaire, page 554.

DE LA VILLE DE RAME.

Rame est grant ville assise en très beau lieu en laquelle y a plusieurs tours, belles, haultes et rondes et sont leurs temples et synagogues. Et y a tant autour de la ville que dedans, plusieurs beaulx arbres comme grans oliviers[1] qui sont plus haulx que toutes les maisons et portent les dates à gros tas comme la teste d'ung homme et les branches qui portent lesdictes dates n'ont point de feuilles. Il y a plusieurs grans sicomores qui portent petits grains carrez de quoy on fait des patenostres, plusieurs grenadiers, orangiers, cappiers qui portent les cappes et ressemblent fort à grozelliers. Tout le pays est plein de divers arbres. On donnait huit grenades pour un marquet qui vault environ deux doubles.

Toutes les maysons sont playnes et voultées et n'y a point de boys. Nous estans là, tous les soirs ung Sarrazin allumait une lampe sur une tour près de nostre hospital et puis crioyt tout autour et tendait les mains en amont comme s'il eust voulu embrasser quelque chose. On ne l'entendoit point, car il parlait tout hebrieu.

Jeudy xxvIII de juillet, environ trois heures après midy, nous partismes de Rame et laissames

---

1. Il faut lire palmiers au lieu de « oliviers. »

le chemin de Maulx¹ à main senestre et allasmes par la fontaine appelée Thironyn². Et à soleil couchant, nous rencontrasmes une grant compaignie d'Arabes et Ethiopiens qui menoyent des chameaulx et nous vouloyent batre et piller et avoyent leurs arcz tendus contre nous et nous firent tous joindre ensemble à tout leurs arcz, bastons et pierres. Et firent lesdictz Sarrazins qui nous menoient si grande diligence de nous defendre que nul des pellerins ne eust mal. Et de là, nous entrasmes en ung très maulvais chemin de roches entre grans montaignes qui durent bien vingt milles jusques en Hierusalem et vismes plusieurs villaiges sur le chemin et n'y entrasmes point; mais en une vallée, nous descendismes et dormismes jusques à tant que la lune fut levée, environ trois heures, et puis reprismes nos asnes et passasmes devant la cité de Ramatha qui est sur une haulte montaigne ou nasquit Joseph qui osta Nostre Seigneur de la croix³. Et auprès de là sur une aultre grande montaigne y a une petite chapelle ou est le sepulchre de Samuel le prophete⁴. Item : auprès de

---

1. Emmaüs Nicopolis, en arabe Amouas. Cf. Robinson, *Biblical researches*, Boston, 1856, t. II, pp. 30-232. Guérin, *Description de la Palestine, Judée*, Paris, 1868, t. I, pp. 293-309.

2. La fontaine de Thironyn me paraît être celle qui se trouve dans le village de Qariathiarim ou Qariat Iearim appelé aujourd'hui Qariat el Anab. Il s'élève à l'entrée des montagnes de la Judée.

3. Armathem Sophim, civitas Helcanœ et Samuelis, in regione Thamnitica juxta Diospolim, undè fuit Joseph qui in Evangeliis de Arimathia scribitur. Eusebii, *Onomasticon*, Berlin, 1862, p. 6.

4. Le village de Neby Samouyl se trouve sur le sommet d'une montagne

là est la cité de Ramatha ou naquit Hieremie le prophete.

DE LA SAINCTE CITÉ DE HIERUSALEM.

Vendredi vingt huitiesme jour de juillet, audict an quatre cens quatre vingtz, environ huit heures au matin arrivasmes en la saincte cité de Hierusalem et tel jour que Nostre Seigneur Jesuchrist fut crucifié à l'heure de tierce que les Juifz de la cité crioyent disant à Pylate : *Crucifige eum*. Et fusmes, tous pellerins seculiers et laiz mis en une mayson propre à ce. Et les religieux s'en allerent tout droict au mont de Syon, au couvent des Cordeliers qui tiennent et gardent ledict lieu à present. Et en allant audit mont de Syon qui est ung couvent de Cordeliers à present et anciennement souloyt estre la demourance des plus grans seigneurs de Hierusalem passasmes par devant un chasteau que David fist faire; et ung peu oultre ledict chasteau est le propre lieu ou Nostre Seigneur se apparut après la resurrection le jour de Pasques aux trois Maries quant il leur dit : *Pax vobis*. Ung peu plus avant est une eglise que les Armeniens tiennent et est le lieu ou Sainct-Jacques le grant eust la teste

à laquelle les Latins avaient donné le nom de Montjoie (Mons gaudii). Justinien y avait fondé un monastère. L'église construite par les Latins fut convertie en mosquée lors du rétablissement de la domination musulmane. Guérin, *Description de la Palestine*, t. I, p. 364-368.

couppée par le commandement de Herodes Agrippe. Item, ung peu plus avant est le mont de Syon qui à present est hors la cité, combien que ce souloit estre le principal de ladicte cité et est du cousté du soleil de dix heures au moys d'aoust; et est la cité en descendant en bas vers septentrion. Audict mont est une place qui est fort desolée, excepté ledict couvent qui est assez bien entretenu; et à moins d'ung traict d'arc dudict couvent sont tous les Saincts Lieux qui s'ensuyvent.

Premierement : joingnant ledict couvent en une court est le lieu ou la glorieuse vierge Marie mere de Nostre Seigneur Jesuchrist trespassa; et y a audict lieu à touz ceulx qui y vont par devotion plain pardon et remission de peine et de coulpe ✠. Et y souloyt avoir une eglise que les Sarrazins ont abatue ou elle demoura dix ans après l'Ascension de Nostre Seigneur et là Sainct Jehan l'evangeliste la servoit et luy apportoit son vivre comme à sa mere; car nostre Seigneur estant en la croix et parlant audict Sainct Jehan dist : *Ecce mater tua et ex illa hora accepit etc.* Item, environ quatre toyses dudict lieu est la place ou ledict Sainct Jehan chantoyt tous les jours la messe devant Nostre Dame ✠.

Item, bien près de là, Sainct-Mathias fut esleu apostre au lieu du faulx Judas et *ibi cecidit sors super Mathiam*. Item, le lieu de la division des apostres quand ils furent envoyez prescher par tout le monde comme dit l'Evangeliste : *Euntes in mundum universum* etc. Item, le lieu ou Sainct Estienne premier martyr fut ensepvely la seconde fois avec Gamaliel et Abibon et est ung mur du cousté du val de Siloé.

Item, le lieu ou Jesuchrist preschoit souvent et est auprès de l'eglise. Et aussi y est le lieu ou Nostre Dame se seoyt pour ouyr prescher Nostre Seigneur.

Item, joingnant de là, est enterré David et Salomon et plusieurs aultres roys de Hierusalem qui furent devant l'advenement de Jesuchrist.

Item, le lieu où l'aignel paschal fut rosty qui est derriere le Sepulcre desdictz Roys. Item, en montant sur les degrez de l'eglise dudict mont de Syon joignant lesdictz degrez est l'oratoire de la glorieuse Vierge Marie; et de là on entre en la chappelle qui est très honnestement tendue de tapisseries faictes de fil d'or que le duc Philippe de Bourgogne a données.

En ladicte chappelle, au propre lieu ou est le grant autel, Nostre Seigneur Jesuchrist fist la cene le jeudy devant la Passion avec ses apostres et là institua le Sainct Sacrement de l'autel et feist tous ses apostres prebstres. Joingnant audict lieu, au cousté dextre est le propre lieu ou il lava les piedz à ses apostres; et dessus ledict lieu est une chappelle que les Sarrazins ont abatue et est le propre lieu ou le Sainct Esperit descendit sur les apostres le jour de la Penthecouste et de ladicte chappelle on veoit par dessus toute la cité de Hierusalem le val de Josaphat, Gallilée, le mont d'Olyvet et plusieurs aultres Sainctz lieux.

Item, dessoubz les dictes chapelles est le lieu ou Nostre Seigneur se apparust à ses apostres *januis clausis*, quant il dit à Sainct Thomas : *Infer digitum huc*. Et près de là, en entrant dedans le couvent est la cisterne ou fut prinse l'eaue de quoy Nostre Seigneur lava les piedz de ses apostres de laquelle eaue nous avions tousjours bue et ne faillit oncques puis. C'est ung lieu de grant dignité ✠.

Item, audict lieu de Syon est la mayson de Anne qui est fort ruyneuse ou Nostre Seigneur fut mené premierement quant il fut prins; et là fut frappé du serviteur dudict Anne en luy disant : *Sic respondes pontifici*.

Item, en la mayson de Cayphe ou Nostre Seigneur fut attaché à une grosse souche d'olyve qui à present y est encores et y avoit beaucoup d'olyviers, et là eut plusieurs tourmens. Et emmy la court y a un grant rommarin ou Sainct Pierre dist qu'il n'estoit point des disciples de Nostre Seigneur.

Dedans ou Nostre Seigneur fut examiné, y a une eglise petite et l'autel est faict de la pierre qui fut mise au sepulchre de Nostre Seigneur et est merveilleusement grosse, et poise bien environ de deux à trois muytz de vin. *Unde erat quippe magnus valde*.

Hors la mayson, en devallant à deux toyses de l'huys, est le lieu ou Sainct Pierre ouyt chanter le coq après la troisiesme negation et de là il s'enfouyt environ trois traictz d'arc en descendant, au val de Siloe soubz une grosse roche ou il fut trois jours. *Et ibi flevit amare.* Ung peu au dessus dudict lieu est la place ou les Juifz voulurent oster le corps de la Vierge Marie quand les apostres le portoyent au Sepulchre.

DU SAINCT SEPULCHRE DE NOSTRE SEIGNEUR.

Samedy XXIX de juillet, après vespres, nous fusmes menez au Sepulchre; et est une grande eglise en laquelle y a plusieurs chappelles esquelles se tiennent sept manieres de chrestiens de diverses nations, entre lesquelz les Grecz tiennent le cueur et ont la principalle garde du mont du Calvaire. La seconde maniere de gens sont Cordeliers latins qui ensuyvent en tout l'eglise de Romme et yceulx ont la garde du Sainct Sepulchre et sont très devotes gens. La tierce maniere de gens sont nommez Nestoriens et font leurs services en une des chappelles en leurs langues. La quatriesme sont nommez Jacobites et sont d'ung estrange pays qui fust converty par Monseigneur Sainct Jacques le Majeur et se tiennent en une petite chappelle derriere le Sainct Sepulchre.

La cinquiesme sont nommez Yndiens et sont gens fort noirs et difformez et font en leur consecration de merveilleuses et diverses ceremonies; et sont trois à dire la messe et bien souvent chantent tous ensemble moult estrangement et celuy qui consacre, baille du sacrement aux aultres en le mettant au meillieu de sa main et les aultres le prennent à la bouche sans toucher des mains. La sixiesme sont nommez Armeniens qui ont leur maniere de faire à part et toute differente aux aultres. La septiesme est appellée Georgiens qu'on dit Georges. Et ont chascune desdictes nations diverses erreurs entre eulx et font chascun grant diligence de servir Dieu en leur mode. Car, durant le temps que avons esté audict Sepulchre, ils ne cessoyent de chanter depuis minuyt jusques au jour.

Devant ladicte eglise du Sainct Sepulchre à l'endroit du portal y a une belle place quarrée et pavée de quarreaulx de pierres au meilleu de laquelle y a une pierre quarrée de environ ung pied de large en laquelle cheut Nostre Seigneur en portant sa croix quand on le menoit crucifier et ne pouvoit soustenir ladicte croix pour la pesanteur d'icelle et pour ce qu'il estoit fort affoibly et debilité du travail, peine et basteures que lui avoyent faits les Juifz.

Quant tous les pellerins furent entrez dedans l'eglise, les Mores fermerent les portes par dehors et s'en allerent en leurs maysons. Et notez que nul n'y peult entrer ne saillir sans le congé des Seigneurs et commissaires du Souldan. Après que lesdictz

Mores et Sarrazins s'en furent allez, les religieux du mont de Syon et ceulx qui se tiennent audict Sainct Sepulchre firent une belle procession avec tous les pellerins et avoit chascun un cierge ou une chandelle allumée et furent menez lesdictz pellerins par tous les Sainctz Lieux qui sont en ladicte eglise ; et en chascun lieu on s'arrestoit et disoit on une oraison selon le mistere qui avoit esté faict audict lieu. Et commença l'on en la chappelle Nostre Dame en laquelle fut ressuscité un mort par la croix de Nostre Seigneur qui fut mise sur ledict mort, et en icelle chappelle s'apparut premièrement Nostre Seigneur à la glorieuse vierge Marie sa mere ✠. Tous les aultres sainctz lieux de ladicte eglise sont declairez après au feuillet ensuyvant et aultres sainctz lieux qui furent visitez par les pellerins lesquelz furent menez par les commissaires du Souldan pour les garder des aultres Sarrazins et furent tousjours accompaignez des freres religieux du mont de Syon lesquelz desclaroyent et monstroyent lesdictz Sainctz Lieux audictz pellerins.

Et premierement en allant du Sainct Sepulchre au mont d'Olivet, nous passasmes par devant la mayson de la Veronique laquelle voyant Nostre Seigneur qu'on menoit crucifier, elle luy bailla ung beau drappeau blanc pour netoyer sa face qui estoit toute deffigurée des playes et ordures que les faulx tirans avoyent gectez contre luy. Et en mettant ledict drappeau contre sa dicte face, sa propre figure y demoura. Et est à present la dicte Veronique à Romme, moult precieusement et cherement gardée.

Au bout de la rue ou est la mayson de la dicte Veronique à main dextre, est la mayson du maulvais riche qui ne voulloit bailler l'aumosne au ladre duquel on dit: *quod sepultus est in inferno*. Et y a en ladicte mayson une arche et gallerie qui traverse par dessus la rue. En icelle rue, à main senestre, y a ung carrefour qui se nomme Trivium et là les Juifz firent porter la croix de nostre Seigneur à ung bon homme nommé Symon Syreneen qu'on rencontra là, pour ce que Nostre Seigneur ne la pouvoit plus porter.

Item, oultre ledict carrefour à ung gect de pierre est le lieu ou Nostre Dame cheut à terre et luy faillit le cueur quant elle vist Nostre Seigneur entre si grant compaignie de Juifs, et que on le menoit mourir; et là, souloyt avoir une chappelle. De là, on passe par dessoubz ung portail sur lequel y a deux belles pierres quarrées grandes comme les fons d'une queue de vin; et sur l'une desdictes pierres estoit Nostre Seigneur assis quant Pylate le condampna à mort, et sur l'aultre estoit Pylate ✠. Bien près de là, y a ung aultre carrefour et à l'ung des coins à senestre est la mayson ou logis de Pylate. Aulcuns veulent dire qu'il n'estoit que logé seans: *quia legatus erat a Cesare Romanorum imperatore*. Et y a au mur devant la rue une fenestre, et est ledict mur faict comme une roze dessoubz la dicte fenestre.

Derriere ladicte mayson est l'ostel de Herode qui

fait le coing d'une ruelle et y a quinze beaulx degrez à entrer dedans; et est belle mayson et là fut envoyé Nostre Seigneur par Pylate pour estre interrogué de Herode. *Et ex hoc facti sunt amici Herodes et Pilatus.* De là, on va à la porte Sainct Estienne que on appeloit *Porta sterquilinaria*, et hors ladicte porte, à ung traict d'arc il fut lapidé en une vallée; et de là, on descend au torrent de Cedron et passe on ung petit pont de pierre auquel lieu la croix Nostre Seigneur servit longtemps de planche et fut prophetisé de la Royne de Saba qui venoit ouyr la sapience de Salomon que de ce devoit estre le boys de la croix de Jesuchrist, et ne voulut pas passer par dessus. Près dudict pont, à main senestre est le sepulchre Nostre Dame et est une jolie eglise soubz terre et descend on audict sepulchre par grans degrez et y a une chapelle ou on dit que Joachin fut enterré; et est ledict sepulchre quasy au meillieu de Josaphat, et court Cedron par le meillieu quant il y a de l'eaue. Près dudict sepulchre est le lieu où Nostre Seigneur alla prier le soir quant il fut prins et là dist: *Pater si fieri potest*, etc. *et factus est sudor ejus tanquam gutte sanguinis.* Et est comme une caverne et y a dessus ung jardin et est le commencement du mont d'Olivet ✠. En montant audict mont à main dextre, est le lieu ou Nostre Seigneur fut prins par les Juifs, le jeudy absolut, et est droictement devant la porte dorée par laquelle on entre au temple Salomon de dehors la ville; et par icelle porte, Nostre Seigneur entra au temple le jour de Pasques fleuries. Près dudict lieu sainct Pierre coupa l'oreille au serviteur de Anne.

En retournant au chemin pour monter amont est le lieu ou estoyent les apostres quant Nostre Seigneur s'en alla prier audict jardin et là il les trouva dormans par deux fois.

Item, le lieu ou sainct Thomas receut la ceinture Nostre Dame quant elle monta ès cieulx.

Item, audict chemin est le lieu ou estoit Nostre Seigneur une foys qu'il venoit en Hierusalem. *Et ipse videns civitatem flevit super eam. Et benedicitur videns*, car, de là on voit par dessus toute la cité. Au dessus du mont d'Olivet, du costé d'occident, est le lieu qu'on appelle Galilea ou souloit avoir une petite villette et là s'apparut Nostre Seigneur à ses apostres après sa resurrection, comme avoit dit l'ange. *Quia precedet vos in Galileam. Ibi cum videbitis sicut dixit vobis.* De là, on revient au lieu ou l'ange apporta une palme à Nostre Dame et luy annonça le jour de son Assumption. Au plus haut lieu dudict mont, y a une eglise qui a esté très belle et est toute ronde, au meillieu de laquelle y a une pierre sur laquelle estoit Nostre Seigneur quand il monta ès cieulx à l'Ascension et est figurée la forme de son pied.

Audict mont, on descent par l'eglise de Saincte

---

1. Ce sommet d'une des hauteurs du mont des Olliviers porte en arabe le nom de *Karm esseyyad* (la vigne du chasseur). Les voyageurs occidentaux la désignent sous celui de *Galilæa* ou de *Viri Galilæi*.

Pellage ou elle est enterrée et là fist grande penitence.

Item, en l'église Sainct Marc en laquelle les apostres composerent le Credo qui sont les douze articles de la foy chrestienne.

Item, plus bas est le lieu ou nostre Seigneur Jesucrist enseigna les apostres comme ilz devoient prier Dieu et là il fist la patenostre.

Item, bien près dudit lieu, Nostre Seigneur annonça auxdictz apostres le jugement quand ilz luy demanderent *quando hec erunt et quod signum adventus tui erit*. Et il leur respondit. *Erunt signa in sole et luna et stellis.* Et audict lieu selon aulcuns, il prescha les huyt beatitudes. Ung peu plus bas est le lieu ou Nostre Dame se reposoyt quant elle estoit lasse en visitant chascun jour les sainctz lieux, après l'Ascension Nostre Seigneur. En venant desdictz lieux, on passe par le lieu appellé Gethsemani et est à present comme un jardin, combien qu'il y soulloyt avoir une petite ville; et au dessoubz dudict lieu, Nostre Seigneur laissa huyt de ses apostres et print troys des aultres, quant il alla au jardin prier Dieu son pere, le Jeudi absolut. Et, au bas de la montaigne est le sepulchre d'Absalon qui est tout d'une pierre quarrée dedans et y a une fenestre hault et encoires à present les Sarrazins Mores qui passent par là gectent des pierres contre ledict sepulchre, combien qu'il n'y fut pas enterré pour ce qu'il faisoit guerre au Roy David son pere.

Item, près de là est une caverne ou sainct Jacques

le Majeur s'enfuyt musser au temps de la Passion et là dict que jamais il ne mengeroit jusques tant qu'il eust veu Nostre Seigneur ressuscité, et le jour de Pasques, Nostre Seigneur s'apparut à luy. Il fut depuis, ensepvely audict lieu; et aussi y est le sepulchre de Zacharie. En droit ce dict lieu, y a ung petit pont qui divise la vallée de Josaphat et le val de Siloe par lequel pont fut mené Nostre Seigneur prisonnier en l'hostel de Anne et est au coing de Hierusalem du costé d'orient; en montant au mont de Syon, on passe par devant le temple de Zorobabel auquel Nostre Dame fut nourrye douze ans et là fut Nostre Seigneur presenté au Temple et receu par Symeon et n'y entrent point les pellerins, car les Mores en ont faict leur temple qu'on nomme Musque.

Dymanche xxx de Juillet, après disner, partismes du mont de Syon pour aller en Bethleem à cinq milles de Hierusalem et passasmes par devant la mayson de Symeon: *que videtur longe a sinistris*; par troys cisternes ou les trois Roys estoyent attendans que l'estoille qui les conduisoit, qui estoit mussée quant ilz entrerent en Hierusalem se remonstra; laquelle estoille incontinent commença à aller son cours, et les mena jusques en Bethleem. Près desdictes cisternes est la maison d'Abacuth le prophete qui fut porté de sa mayson par les cheveulx par ung ange jusques en Egypte, en Babilloyne en la fosse ou estoit Daniel qui estoit en prison bien près de là.

De l'autre part du chemin est la mayson de la

nativité de Helye le prophete. Et plus avant, est la mayson de Jacob filz d'Abraham qui est destruicte et abatue ; et plus avant, le sepulchre de Rachel mere de Joseph et de Benjamin enfans de Jacob le patriarche filz de Abraham.

Et de là, on va en Bethleem et passe on par une vallée ou il y a une fontaine ou David envoya troys foys ses hommes querre de l'eaue et quant on luy en apporta, il n'en beut pas, mais en feist sacrifice à Dieu pour ce que ses gens qui la luy avoient apportée avoyent esté en dangier d'estre prins par les Philistiens contre lesquelz David faisoyt guerre.

Ce dict jour, environ vespres, nous entrasmes en Bethleem qui est une povre cité et petite sur une montaigne, en laquelle y a une eglise de Nostre Dame assez bien appoinctée et est grande et spacieuse et y a quatre rengées de beaulx pilliers de marbre blanc et la plupart dudict lieu est ruyneux et a esté l'eglise païncte en la façon de Sainct Marc de Venise, c'est assavoir de mosayque et est couverte de plomb. Dedans une court, y a grant quantité de beau boys que Philippe le duc de Bourgongne y a faict mener de Venise[1].

---

[1]. La toiture de l'église de Bethléem était en poutres de cèdre recouvertes de lames de plomb ; elle avait été faite par l'évêque Maxime sur l'ordre de sainte Hélène. Philippe le Bon, instruit de son état de dégradation, fit acheter à Venise et transporter à grands frais en Terre Sainte les bois nécessaires à sa reconstruction. Le gardien du couvent du mont de Sion se rendit au Caire et obtint du soudan Mélik el-Achref Qait Bay l'autorisation d'entreprendre cette réparation. Elle lui fut accordée en 1481, à la condition que la nouvelle toiture serait recouverte avec les anciennes lames de plomb.

En icelle eglise sont les sainctz lieux et pellerinaiges que s'ensuivent. Et premierement: Quant les pellerins furent arrivez, les freres du mont de Syon qui les avoyent accompaignez et les freres de Bethleem firent une belle procession. Chascun avoit ung petit cierge, et alla on en ung lieu ou on descend de deux pars. Et là est le propre lieu ou la Vierge Marie enfanta Nostre Seigneur Jesuchrist, et y a ung autel dessus qui est vuyde dessoubz et baise on le propre lieu ou Nostre Seigneur nasquit. Et derriere, à deux toyses, est le lieu ou Nostre Seigneur fut mis entre le beuf et l'asne et y a ung petit autel; devant, est la mangouere des beufz et asnes dessoubz une grosse roche. C'est un lieu de grant devotion et y a plain pardon ✠. De là, on descend en une chappelle ou plusieurs Innocens furent tuez et là sont enterrez.

Item, la chappelle de sainct Hierosme lequel demoura longtemps audict lieu et là, translata la Bible de hebrieu en latin.

Item, le lieu ou Nostre Seignenr fut circoncis et y a ung autel.

Item, dessoubz l'eglise, on nous monstra le lieu ou les anges annoncerent la nativité de Nostre Seigneur en chantant dessus les pastoureaulx: *Gloria in excelsis Deo*. Et n'est le lieu que environ un grant

---

Les travaux furent exécutés sous la surveillance d'un religieux allemand, frère Baptiste de Lubeck, savant médecin que le pape Pie II avait envoyé à Jérusalem pour donner ses soins aux religieux de Terre Sainte. Juan de Calahorra, C*hronica de Syria y Terra Santa de Gerusalen*. Madrid, 1684, l. IV, c. xx. p. 297.

quart de lieue de Bethleem; nous n'y fusmes point, car il estoit trop tard. Et lendemain, nous partismes au point du jour pource que nous avions tres grant chemin à faire, et à aller ès montaignes de Judée.

Item, près de Bethleem est ung lieu ou sont enterrez treize prophetes.

Le lundy, dernier jour de juillet au matin, nous partismes de Bethleem pour aller ès montaignes de Judée ou Nostre Dame alla saluer saincte Helizabeth; et allant de Bethleem ès dictes montaignes, nous laissasmes le chemin de Hierusalem près du sepulchre de Rachel et tirasmes à main senestre. Et allasmes premierement au lieu ou Nostre Dame et saincte Helizabeth se rencontrerent et y a une povre chappelle en une montaigne haulte et après la salutation, Nostre Dame fist le pseaulme de *Magnificat* etc. En ce disant, sourdit incontinent une belle fontaine qui encoires à present court et est dessoubz ladicte chappelle, de laquelle les pellerins beurent. Et dessus ladicte chappelle en la chambre dudict lieu, Zacharie feist le pseaulme de : *Benedictus dominus Deus Israel*, après ce que la parolle luy fut rendue par Nostre Seigneur ; en ce mesme lieu parlant de sainct Jehan Baptiste : *Postulans pugillarem scripsit : Johannes est nomen ejus. Mirati sunt universi.*

De là, en retournant en Hierusalem est une aultre belle eglise et une fosse à dextre ou nacquit sainct Jehan Baptiste ; et au plus près d'icelle fosse est une fenestre ou Helizabeth mussa ledict sainct Jehan quand Herode faisoyt tuer les Innocens. Et de là vinsmes en une eglise de Saincte Croix en laquelle creust ung arbre duquel fut faicte une partie de la croix de Nostre Seigneur [1].

Item, audict lieu est la main senestre de saincte Barbe, vierge. Et de là, nous retournasmes en Hierusalem bien bas.

Lundy premier jour d'aoust, ledict jour sainct Pierre *ad vincula*, nous allasmes coucher au Sainct Sepulchre comme avions faict le jour precedent et en allant, fusmes au lieu ou sainct Pierre estoit enchainé en prison quant l'ange s'apparut à luy et le mena hors de la prison en disant : *Surge velociter*.

Item, au lieu ou nasquit sainct Jehan l'evangeliste et est oultre la rue par ou on va au Sepulchre et est la rue voultée à l'endroit.

Item, en l'hospital Sainct Jehan qui est destruict lequel souloyent tenir les chevalliers de Rhodes et encoires les appelle on religieux de Sainct Jehan de Hierusalem.

Item, derriere l'eglise du Sainct Sepulchre est le lieu ou Abraham vouloit sacrifier Ysaac son fils par le commandement de Dieu et y a une pierre plantée sur quoy il le mist; et auprès de là y a ung olivier, et est le lieu ou Abraham vit l'aigneau qu'il immola au lieu de Ysaac son fils.

---

1. L'église du couvent de Mouçallebèh qui était possédé par les Géorgiens.

Item, près de là est une belle pierre ronde que saincte Helaine fist là mettre et est le lieu là ou Melchisedech sacrifia à Nostre Seigneur pain et vin; et furent ces deux figures et sacrifices faictz devant l'incarnation de Nostre Seigneur et estoyt signe que Nostre Seigneur devoit estre sacrifié comme il fut au mesme lieu; car le sacrifice de Melchisedech, d'Abraham et Jesuchrist furent tous faictz au mont de Calvaire environ deux ou trois lances loing l'ung de l'aultre et sont lesdictes places en maniere de ung triangle; comme ce signe cy après ensuyvant[1].

Toute celle dicte nuyt furent visitez tous les sainctz lieux de tout le mont de Calvaire par les pellerins qui furent enfermez en l'eglise du Sepulchre comme le jour precedent et toute la nuict, les religieux et gens d'eglise chanterent leurs messes sur ledict sepulchre et au mont de Calvaire. Et le mardy matin, lendemain 11me jour d'aoust, les Sarrazins nous deffermerent et mirent hors dudict sepulchre et de là, chascun s'en alla à son ordinaire. Et cependant, ung des religieux nous mena au mont d'Olyvet et à tous les sainctz lieux du val de Josaphat et passasmes par la porte qui se nomme *porta judiciorum* par laquelle Nostre Seigneur fut mené crucifier et n'est environ que ung traict d'arc loing du mont de Calvaire; et n'y a plus de ladicte porte que demy arc. De là, nous

---

1. Ce signe manque dans toutes les éditions.

passasmes par devant la maison de la Veronnicque; par dessoubz la maison du maulvais riche qui traverse par dessus une rue, et de là allasmes à la mayson de Symon le Pharisien *qui rogabat Jesum ut manducaret cum eo in domo sua*. Et la Magdeleine y vint laver les piedz de Nostre Seigneur. En cedict lieu, luy furent tous ses pechez pardonnez par Nostre Seigneur. De là, allasmes par le lieu qui se dit *Trivium* ou les Juifz firent porter la croix de Nostre Seigneur à Symon Syreneen. De là, nous allasmes ou Nostre Dame se pasma quant elle veit qu'on menoit crucifier son enfant.

Item, par dessoubz la porte ou sont les deux pierres blanches ou Nostre Seigneur fut assis et Pylate, quant ledict Pylate donna la sentence contre luy. Par devant la mayson de Herode et Pylate, et par devant les deux portes du temple Salomon et fusmes au lieu que on appelle *Probatica piscina, quinque porticus habens, ubi descendebat angelus et movebatur aqua, et primus ingrediens post motionem aquæ sanabatur*. Et de là, en Galilée près de Olyvet et aultres lieux de devotion.

Mercredy IIIme jour d'aoust au retour du Sainct Sepulchre et des aultres lieux, tous les pellerins demanderent au patron qu'il les menast au fleuve Jourdain qui est à trente milles de Hierusalem pour ce que audict fleuve et au chemin, y a de beaulx pellerinaiges; et adonc, ledict patron dist qu'il estoit informé qu'il n'y pouvoit aller à cause des Arabes qui estoyent audict fleuve en armes et puissance pour dèstrousser les pellerins et que l'année precedente, pour semblable cause, les pellerins n'y furent point¹. Et après plusieurs plainctifz que firent les pellerins de ce qu'ils ne pouvoient aller audict fleuve, il fut dict par les commissaires et truchemens du Souldan que, si les pellerins y vouloyent aller, qu'il failloit avoir renfort et puissance de gens d'armes pour garder les pellerins et resister audictz Arabes; à quoy se accorda ledict patron et fut advisé qu'on prendrait en Hierusalem telle puissance de gens d'armes avec ceulx qui conduysoyent les pellerins que ilz seroyent assez fors pour destruire et chasser lesdictz Arabes. Mais pour ce qu'il n'estoit point de coustume d'avoir de gens d'armes aultres que ceulx qui, par coustume, conduysoyent les pellerins le patron dit que ce seroyt aux despens d'iceulx pellerins; à quoy lesdictz pellerins firent grant resistance disant que moyennant la grant somme d'argent qu'il avoit receue à Venise desdictz pellerins qui à luy avoyent payé chascun LV ducatz, il avoit promis de les faire mener seurement par tous lesdictz lieux accoustumez; et y a eu de grans noises et altercations entre ledict patron et lesdictz pellerins. Et aprez tous debatz, le patron dit qu'il

1. Moudjir eddin nous apprend que le 11 du même mois de Djoumazy oul akhir 885 (18 août 1480) le gouverneur de Jérusalem cerna, à Jéricho, le chef arabe Amr ibn el Ghanim et tua un grand nombre de ses gens. *Histoire de Jérusalem et d'Hébron*, p. 655.

n'iroit point, et ne payeroit pas lesdictz gens d'armes. Et adonc les pellerins requirent que les commissaires du Souldan les conduissent comme ilz estoyent tenuz sans avoir garde et qu'ilz avoyent esté preservez des mains du Turc qui est plus grant chose que lesditz Arabes et avoyent esperance que Dieu les garderoit desdictz Arabes. Et adonc le gardien du mont de Syon avec plusieurs des religieux dudict lieu dirent qu'ils nous accompagneroyent. Et partismes après vespres dudict Syon, et descendismes par le pont de Cedron qui divise la vallée de Josaphat de la vallée de Siloe, et passasmes par la mayson de Judas Scarioth et en descendant en une vallée qui est derriere le mont d'Olivet, nous passasmes par le lieu ou Nostre Seigneur mauldit le figuier qui avoit des feuilles et n'avoit pas de fruict, lequel figuier signifioit les Pharisiens, et incontinent ledict figuier devint tout sec.

En la vallée est le chemin pour aller en ung lieu ou souloyt estre une religion de sainct Sabbe et y avoit, durant le temps dudict sainct qui estoit abbé dudict lieu, quatorze [mille] moynes. De là, nous passasmes par Bethanie et ne visitasmes point les lieux jusques au retour; et cheminasmes longtemps de nuyct jusques à tant que nous veinsmes en une grande vallée ou il y a une vieille cente et masure qui estoit à Marie Marthe, et y a une fontaine de laquelle Nostre Seigneur beut en passant par là. En ce dict lieu, nous dormismes emmy les champs environ deux ou trois heures, et puis chemynasmes ung très maulvais chemin par grandes roches ; et, sur le point du jour, jeudy IIIe jour dudict moys d'aoust, nous passasmes la maison de Joachin en laquelle il s'en alla visiter ses pastoureaux et fut là en grant doulleur, pour ce que on l'avoyt rebouté du temple et reffusé son oblation. Et audict lieu, l'ange luy vint annoncer la conception Nostre Dame, moyennant laquelle : *Tolleretur opprobrium ejus.* Et incontinent, s'en retourna en Hierusalem et rencontra Helizabeth qui l'atendoit soubz la porte dorée par l'admonition de l'ange. Oultre ce lieu, environ six milles, est la mayson ou demouroit ledict Joachin qui est à la fin d'une grant montaigne. Et au dessoubz de celle, joignant au chemin, est une petite fosse mussée autour, ou se vint mettre le povre aveugle quant il sut que Nostre Seigneur Jesuchrist devoit passer par là et quant il ouyt le bruyt des gens qui passoient, il se print à crier : *Jesu fili David miserere mei*! Et ceulx qui passoyent le blasmoyent et luy disoient qu'il se teust : *Ipse vero multo magis clamabat, fili David*! Et en ce dict lieu, Nostre Seigneur le guerist en luy disant : *Fides tua salvum te fecit*, et est à main senestre. Et d'aultre costé, à demy traict d'arc, est le lieu de quoy dit l'evangiliste : *Hic quidem descendebat de Hierusalem in Jerico et incidit in latrones, semivivo relicto.* De là, on va tout beau chemin jusques en Hierico qui est une belle plaine, et on passe par le lieu ou Zachée estoit monté sur ung arbre pour veoir passer Nostre Seigneur quant il lui dist : *Zachee festinans descende*. Et s'en alla Nostre Seigneur en la mayson dudict Zachée qui est en Hiericho et passames par la dicte maison ou il y a de grans murailles en façon d'ung vieil chasteau et est à present la dicte cité de Hierico ung povre village fort ruineux ; et tout autour, y a grant quantité de roziers comme fyguyers desquelz on dit : *plantatio rose Hierico*. Dudict Hierico jusques au fleuve Jourdain, y a environ six milles, et en descendant audict fleuve est le monastere de sainct Jehan ou il se tenoit quant Nostre Seigneur luy dist : *Johannes, baptisa me*. De là, on va tousjours descendant au lieu ou Nostre Seigneur fut baptisé. *Et ipso orante apertum est celum et descendit spiritus sanctus corporali specie in eum et vox patris audita est : hic est filius*. Et est ledict fleuve aucunes foys merveilleusement grant. Tous les pellerins se baignerent et beurent dudict fleuve et y a plain pardon et remission à tous ceulx qui y vont ✠.

Oultre ledict fleuve est Arrabie, et est le lieu ou Marie l'Egyptienne fist sa sepulture et veoit on auprès de là grans montaignes et desers dudict Arrabie. Le dict fleuve entre à main senestre dans la mer Morte à ung quart de lieue de laquelle mer sont abismés Sodome et Gomorre et trois aultres citez : et est la mer Morte si puante et amere que nul poisson ne s'y tient et nulle beste n'en sauroyt gouster ; et dit on que qui en mettroit sur sa langue, qu'on ne pourroit durer de la grant ardeur et puanteur qui y est, et que les oyseaulx qui volent par dessus meurent et cheent dedans à cause de l'infection d'icelle; combien que le fleuve Jourdain soit grant riviere, toutesfoys la dicte mer n'est que ung lac, ne n'en croist point.

Nous retournasmes en Hiérico entour de laquelle, *filii Israel posuerunt tentoria sua*, quant ilz prindrent la cité par Judas Machabeus. Et veoit on après ladicte mer Morte le monastere et desert ou se tint long temps sainct Hierosme qui s'appelle: *In vasta solitudinis*. De Hierico, nous tournasmes à main dextre vers Orient pour aller au mont de la Quarantaine auquel Nostre Seigneur jeusna quarante jours et quarante nuictz; et y a au pied du mont ung beau ruisseau d'eaue doulce ou nous disnasmes. Et de là, on monte audict mont au meillieu duquel est une caverne ou Nostre Seigneur fist sa jeusne comme dessus est, et après eut faim; et en ce dict lieu le diable luy dit: *Si filius Dei es, dic ut lapides isti panes fiant* et a esté ladicte caverne autresfoys paincte, mais les Sarrazins ont gasté les ymaiges des sainctz. Et de là, on monte la moytié plus hault, sur le chief d'une très merveilleuse montaigne ou le diable monstra à Nostre Seigneur tous les royaulmes du monde et luy dist: *Hec omnia tibi dabo si cadens adoraveris me*. Et y a une petite chappelle deserte. C'est une merveilleuse montaigne. Ce dict jour, nous retournasmes toute la nuyct jusques au lieu ou nous avions dormy la nuit precedente et y dormismes jusques au jour.

Vendredy iiiie jour dudict moys d'aoust, nous partismes dudict lieu et veismes contremont grandes montaignes en Bethanie [1] et fusmes en la maison de Marie Marthe ou Nostre Seigneur fust plusieurs foys comme l'Evangille dit: *Intravit Jesus in quoddam castellum* etc. Et est le lieu ou il dit: *Martha, Martha solicita es.* Et quant Marie Marthe luy dist: *Domine, non est tibi cura quia soror mea reliquit me etc.* Et à ung traict d'arc en descendant vers midy est la maison Marie Magdeleine qui, après sa conversion, laissa son chasteau Magdalon et se vint tenir près de sa seur Marthe. Entre les deux maisons y a une pierre sur laquelle Nostre Seigneur estoit quant la Magdeleine vint luy dire : *Domine, si fuisses hic, frater hic meus non fuisset mortuus.* Ung quart de lieue de là, en venant en Hierusalem est Bethanie en ung hault, et en une chappelle est le sepulchre du Lazare frere desdictes deux Maries auquel sepulchre Nostre Seigneur vint avec lesdictes Maries pour ressusciter le Lazare qui avoit jà esté en son tombeau iiii jours et en la présence de plusieurs Juifz, comme dist l'Evangille ; *Jesus ergo fremens in semetipso flevit dicens: Tollite lapidem.* Et après: *Voce magna clamavit : Lazare veni foras.* Et nota qu'il estoit deux lieues loing du tombeau et avoit le dos contre Hierusalem parquoy tous ceulx qui estoyent presens cogneurent clerement que la ressuscitation fut faicte par vertu divine et non point par attouchement ne par sort.

1. Aujourd'hui : El Azariêh.

A ung gect de pierre dudict sepulchre est la mayson de Symon le lepreux, en laquelle Nostre Seigneur disnoit quant la Magdeleine vint là. *Accessit ad eum mulier habens alabastrum unguenti preciosi* et dès celle heure, Judas Scarioth commença à traicter la mort de Nostre Seigneur affin qu'il peust recouvrer ce qu'il eust emblé de la vendition dudict oygnement. Et là, nous laissasmes le chemin de Hierusalem et allasmes en Bethphage qui est près de demy lieue devers septentrion. Et est le lieu ou Nostre Seigneur envoya ses disciples pour querir l'asne pour venir dessus en Hierusalem disant : *Ite in castellum quod contra vos est, et inviènietis ibi asinum, etc.*

De là, nous passasmes par le mont d'Olyvet et par les aultres sainctz lieux de la vallée de Josaphat. Bethphage est environ une grosse lieue loin de Hierusalem et maulvais chemin lequel chemin saincte Helaine fist paver de petit carreaulx de la largeur d'un doigt depuis le lieu ou Nostre Seigneur monta sur l'asne en Bethfage jusques à la porte dorée en Hierusalem par laquelle il entra le jour de Pasques flories. *Quando pueri Hebreorum venerunt obviam sibi, portans rameaulx.* De là, nous montasmes au mont d'Olyvet par tous les aultres sainctz lieux dudict mont et de la vallée de Josaphat, et puis, chascun s'en retourna à son ordinaire.

Ce jour, aulcuns vouloyent que nous allissions coucher au Sainct Sepulchre pour la troiziesme et derniere foys ; mais les pellerins disoyent qu'il estoyt plus convenable d'attendre jusques à lendemain samedy pour dire les messes la nuyct et matin du dymenche ensuyvant sur ledict Sepulchre pour l'honneur de la resurrection qui fut ledict jour du dymenche, et fut accordé.

Samedy ensuyvant, après mynuict, plusieurs des pellerins qui avoyent couché au mont de Syon allerent dire messe sur le sepulchre de Nostre Dame en la vallée de Josaphat, et de là on visita encoires les aultres sainctz lieux de ladicte vallée et du mont d'Olyvet.

Ce dict jour, après vespres, tous les pellerins allerent en l'eglise du Sainct Sepulchre pour la troiziesme foys, car les pellerins n'y vont que trois foys.

Dymenche, sixiesme d'aoust et toute ladicte nuict depuis le samedy au soir, et le dymenche, trestous les pellerins visiterent le Sainct Sepulchre et tous les sainctz lieux de ladicte eglise et tous les gens de l'eglise dirent messe tant audict Sepulchre que au mont de Calvaire, comme on avoyt faict les deux nuytz precedentes. Et tous les matins, les Sarrazins nous venoyent deffermer et mettre hors de ladicte eglise et entroyent dans ledict Sepulchre pour veoir si on avoit riens rompeu ne emporté comme lesdictz Sarrazins avoyent jà faict aux aultres deux nuyctz.

L'eglise du Sainct Sepulchre de Nostre Saulveur Jesuchrist est grande comme l'eglise Sainct Germain des Prés lès Paris au plus; mais elle est moult differente en façon et situation aux eglises d'Occident. On entre en ladicte eglise du Sepulchre par le meillieu, du costé de midy et environ deux ou trois lances de ladicte entrée est une pierre de marbre noir rompue en plusieurs pieces, sur laquelle le corps de Nostre Seigneur fut mis et oingt de precieulx oygnemens et ensepvely par Nycodemus et Joseph et aultres qui le descendirent de la croix; et y a en ladicte place pardon et remission de tous pechez à tous ceulx qui visitent ledict lieu par devotion et y a sept lampes ardantes dessus ✠. A environ trois toyses oultre, joignnant du cueur est la sepulture de Godeffroy de Billon qui fut roy de Hierusalem et vendit ses pays pour faire guerre aux Sarrazins et gaigna par force Hierusalem. En saillant du cueur du costé d'Occident, au meillieu de la nef d'icelle eglise, est le Sainct Sepulchre de Nostre Seigneur et est une petite chappelle ou il ne peut entrer que troys ou quatre personnes; et est couvert ledict Sepulchre de belles pierres blanches de marbre, et dessus la couverture de ladicte chapelle y a une tournelle ronde. Et audict endroict, en la couverture de l'eglise y a une belle grande tour ronde et plate dessus, et est ouverte environ troys toyses en rond et est couverte de plomb. Oultre ledict Sepulchre, en traversant l'eglise, y a deux pierres rondes sur l'une desquelles Nostre Seigneur estoit quant il s'apparut à Magdeleine et luy estant dit : *Mulier, noli me tangere*, et la Magdeleine estoit sur l'aultre. Ung peu plus avant, est une chappelle de Nostre Dame et est le lieu ou on esprouva le boys de la croix pour sçavoir lequel c'estoit, et mist on ledict boys sur une povre femme qui incontinent ressuscita.

Item, en ladicte chappelle de Nostre Dame, en une fenestre, est une piece de la coulonne ou Nostre Seigneur fut ataché et batu; et de là, on va derriere le cueur de l'eglise du cousté d'Orient, en ung lieu obscur, soubz une roche; et est une prison ou Nostre Seigneur fut mis et lyé à une pierre percée, par les piedz, en attendant que la croix et les aultres tourmens fussent apprestez pour le faire mourir. De là, à main dextre est une chappelle et est le lieu ou les chevaliers departirent les vestemens de Nostre Seigneur après qu'il fut crucifié. De là, on descend soubz une grosse roche XL degrez et là fut trouvée la croix de Nostre Seigneur qui fut longtemps perdue après sa Passion. Au dessus, à main dextre, y a une grosse pierre de une coulonne ou fut ataché Nostre Seigneur quant on luy mist la couronne d'espines sur la teste, et puis de là, on monte par degrez sur le mont de Calvaire qui contient tout la tour de ladicte eglise derriere le cueur. Et là, près du mur, environ une toyse, est le propre lieu ou fut planté et assis le pied de la croix en laquelle mourut Nostre Seigneur.

Et en faisant la procession dudict lieu, le religieux estoit là qui declarait les lieux aux pellerins et dist en monstrant du doygt: *Ecce locus ubi pependit salus mundi* ✠. Et y a ung trou rond environ ung pied de parfond; et y a dessus une belle pierre de marbre percée à l'endroit dudict lieu, et est ladicte pierre enferrée tout autour de cuyvre et de fer clouez à gros clous, affin qu'on ne gaste et qu'on ne emporte point de la terre dudict lieu. Et y a des Grecz qui gardent le lieu, car aultrement les pellerins et chrestiens en eussent emporté dudict mont plus gros que toute l'eglise depuis la Passion. Et y a contre le mur devant ladicte place ung drap de velours vermeil et une ymaige de crucifix de fil d'or. A main dextre, à environ douze pas est le lieu ou estoit Nostre Dame quant Nostre Seigneur, *pendens in cruce dixit*: *Mulier, ecce filius tuus.* Et y a une petite chapelle. On dit que le lieu ou fut plantée la croix est justement le meillieu du monde, *secundum prophetam dicentem quod operatus est salutem in medio terre*, combien que les Grecz dient qu'il est au meillieu du cueur de ladicte eglise à un gect de pierre de la place de la croix; et y a audict cueur ung petit pillier de pierre qui sort hors de terre environ demy pied et dessus ladicte pierre y a ung petit trou que Nostre Seigneur fist de son doygt en disant : *Ecce medium mundi*, ainsi que dient les Grecz.

LE RETOUR DU VOYAGE DE LA TERRE SAINCTE TANT PAR MER QUE PAR TERRE, JUSQUES A LA VILLE DE PARIS, CITÉ CAPITALLE DU ROYAULME DE FRANCE.

Le lundy VIIe jour d'aoust, audict jour, devant souleil levant, nous partismes du mont de Syon. Tous les pellerins estoyent rassemblez pour retourner à Rames et passasmes à deux traictz d'arc du sepulchre Daniel le prophete; et en une vallée près de là, y a ung petit pont ou David tua Golias le geant et sur l'autre montaigne du sepulchre Daniel estoit l'armée des Philistins quant Golias fut occis. De là, nous passasmes par la cité de Ramatha qui est destruicte, de laquelle fut natif Joseph d'Arimathie qui descendit Nostre Seigneur de la croix. Nous passasmes par le chasteau d'Emaulx, et y a une eglise deserte à main senestre en venant[1] et est le lieu ou les deux disciples congneurent Nostre Seigneur, *in fractione panis,* lesquelz avoyent cheminé en venant dudict Hierusalem jusques audict Emaulx. Et environ six

---

1. A quatre minutes d'Amouas s'élèvent les restes d'une église byzantine dont les nefs sont entièrement détruites; l'emplacement en est seul reconnaissable. Les trois absides tournées vers l'Orient, sont encore debout, du moins en partie, et les assises qui les forment sont en magnifiques blocs, très régulièrement taillés, parmi lesquels quelques-uns sont relevés en bossage. Guérin, *Description de la Palestine,* Judée, tome Ier, p. 294.

ou sept milles par deça, près d'ung meschant villaige, nous rencontrasmes environ xx hommes à chevaulx et à tous javelines, arcs et aultres bastons de guerre et avecques eulx plusieurs gens de pied. Et de loing, noz truchemens nous disoyent que c'estoyt une compaignie d'Arabes et qu'ilz nous attendoyent là pour nous destrousser et qu'il falloit qu'on leur donnast de l'argent ou ilz nous feroyent desplaisir. Nostre patron et les aultres truchemens allerent parler à eulx et sans attendre la responce toute nostre compaignie marcha contre eulx, et adonc se mirent à costé hors de nostre chemin, et se demenoyent fort contre nous combien que ilz ne nous eussent peu mal faire, sinon qu'ilz estoyent bien montez et nous ne povyons aller avant sur noz asnes. Touteffois, en traictant à eulx, le gardien du mont de Syon fut frappé d'une javeline à la teste. Et après le traicté faict à eulx, ilz nous convoyerent jusques près de Rames, auquel lieu de Rames nous arrivasmes le lundy sur le vespre; et fusmes audict Rames jusques au mercredy sur le vespre, qui sont trois jours et fusmes destenuz par le patron qui fist payer à tous les pellerins, oultre l'accord qui estoit faict à Venise entre lesdictz pellerins et luy, ung ducat et huyt marcelins et disoit ledict patron que c'estoit pour payer les asnes et fist de grans extorcions à aulcuns qui ne vouloyent payer, en les faisant prendre par les Sarrazins pour les mettre en prison, dont plusieurs pellerins luy donnerent grant blasme de les contraindre par les

Sarrazins à payer ce à quoy ilz n'estoyent point tenuz par raison.

Le mercredy ixe jour d'aoust, nous partismes dudict Rames pour venir à Jaffe, et en passant par ung grant villaige à quatre milles dudict Jaffe, tous ceulx dudict villaige vindrent contre nous, et tous gectoyent des pierres et crachoyent contre nous. Et ung gros villain me vint gecter jus de dessus mon asne, auquel je baillay ung grant coup au travers du visaige du licol de mon asne, et incontinent les Sarrazins de nostre compaignie vindrent frapper sur ledict villain et me deffendirent bien diligemment. Ce n'eust esté nostre garde, ilz nous eussent tous tuez, car ils estoient grant quantité en armes contre nous, et y estoyent femmes et enfans, petis et grans. Quant nous fusmes à Jaffe, on nous remist en la cave ou nous avions esté mis en venant, et nous convint coucher toute la nuyct dehors, pour la grant puanteur et ordure que les Sarrazins y avoyent fait, pour ce qu'ils sçavoyent bien qu'ils nous y failloit entrer au retour. Il y avoit audit Jaffe plusieurs tentes et pavillons tant pour loger les seigneurs sarrazins qui nous conduysoient, que pour les marchans du pays qui tenoyent la foire pour marchander avec les galiotz de nostre gallée qui se tindrent audict Jaffe durant le temps que nous fusmes en Hierusalem; et là, vendirent leurs drapz et aultres marchandises et acheterent grant quantité de cotton, et avoyent la livre pour trois blancz ou environ; on en a bon marché, car il croist autour de Rames par tout le pays. Lesdictz galiotz en acheterent environ pour six ou huyt cens ducatz et en estoit toute nostre gallée empeschée.

Le jeudy x^e d'aoust, jour de S. Laurent, ung religieux chanta messe soubz une roche près de nostre cave devant le gardien, le patron et les pellerins, et y avoit plusieurs Sarrazins parmy nous qui regardoyent dire la messe ; et tantost après la messe, les barques de nostre navire vindrent prendre tous les pellerins pour les porter en gallée, excepté ceulx qui n'avoyent point voulu payer l'argent que le patron demandoit pour les asnes, et convint qu'ilz accordassent audict patron, ou aultrement les eust laissez avec les Sarrazins comme il leur disoit. Nous fusmes en ladicte gallée jusques au vendredy à vespres, attendans le patron qui estoit sur terre avec lesdictz Sarrazins à faire ses besongnes et marchandises, et puis, quant il vint, on desploya dix estandars de nostre gallée et gecta on deux canons et sonnerent les trompettes et clerons de nostre gallée, et firent lesdictz galiotz de grans cris en recommandant à Dieu la Terre Saincte ; et ne partismes à celle heure pour cause du vent qui nous estoit contraire.

Samedy douziesme d'aoust, envyron minuyt, nous partismes dudict port de Jaffe auquel lieu nostre gallée avoit esté encrée vingt et deux jours. Et avoit avec nous trois Juifz que le patron avoit prins en Hierusalem pour mener en Candie et avoit de chascun huyt ducatz pour les mener jusques audict Candie qui est loing de Hierusalem environ neuf cens milles en retournant à Venise. Desquelz Juifz il fut grant noise entre les pellerins et le patron et disoyent les pellerins qu'il n'estoit pas convenable que les Juifz et ennemys des chrestiens fussent ensemble et conseilloyent aulcuns desdictz pellerins qu'on gectast lesdictz Juifz en la mer. Et adonc dist le patron à ceulx qui en parloyent que si ilz ne se appaisoyent, que il les feroit eulx memes gecter en la mer. Et pour ce que nous ne avions point de vent et ne povyons aller avant ne arriere, aulcuns avoyent leur fantaisie que c'estoit pour cause desdictz Juifs. Le patron et les galiotz disoient que c'estoit pour ce que aulcuns des pellerins apportoient de l'eaue du fleuve Jourdain, et que tant qu'il y en auroit une goutte dedans la navire qu'on n'auroit point de vent propice. Parquoy aulcuns desdictz pellerins adjoustans foy à cette folie gecterent leur eaue en la mer. Et pour confirmer leur folle oppinion, ung quidam disoit que il avoit veu une bulle attachée à Sainct Pierre de Romme par laquelle le Pape excommunioit tous ceulx qui en apportoyent, qui est menterie.

Depuis Jaffe jusques à Cypre, y a deux cens cinquante milles toute plaine mer sans veoir terre; et s'appelle ladicte mer le gouffre saincte Helaine; et dit on que anciennement il se faisoit si grans tempestes audict gouffre que quasi tous les navires qui passoyent par là estoyent perdus et abismez. Mais une fois que saincte Helaine retournoit de Hierusalem et estoit au meillieu dudict gouffre, elle voiant la merveilleuse tempeste qui estoit audict gouffre, elle print des sainctes relicques qu'elle apportoit de Hierusalem et les gecta dedans ledict gouffre : et incontinent, ladicte tempeste cessa, ne oncques puis n'y fust veu tourmente; mais disent aulcuns que c'est la plus paisible mer qui soit en tout le chemin de Hierusalem. Touttefoys, en allant, nous eusmes si bon vent que nous ne mismes gueres à passer ledict gouffre que ung jour et demy. Et nous y fusmes au retour cinq jours et nous ennuyoit beaucoup. Le mardy xvme d'aoust, jour de l'Assumption de Nostre Dame, nous etions au meillieu dudict gouffre, et par tout le jour, nous eusmes si peu de vent que nous ne feismes pas plus de deux licues; et cedict jour et aultres vindrent plusieurs petits oyseaulx qui se vindrent reposer en nostre gallée dont les aulcuns furent prins; et est leur condition quand ils vollent par dessus la mer et qu'ilz ne peuvent trouver terre, ilz se viennent rendre sur les basteaulx, et se ilz n'en trouvent, ilz cheent dans la mer et se tuent.

Environ midy, l'ung des cuysiniers tirant de l'eaue cheut en la mer, et incontinent fut descendue une des barques pour le secourir, et n'eut nul mal. Le mercredy xviime d'aoust au matin, nous descendismes au port de Sallines en Cypre[1] qui est dessoubz à cinquante

---

1. Le port de Salines désigne la ville de Larnaca. « Trois milles plus oultre vers l'orient (du lac où l'on recueille le sel) se trouve le bourg ou

milles dudict Nymesson, et ne y a audict port que une eglise demye destruycte et une maison. A demye lieue de là, est le villaige qui est près d'un beau grant lac qui contient environ deux lieues de tour, et est la plus belle chose et la plus merveilleuse chose que nous ayons point veu en trestout le chemin. Car, toute l'eaue qui sourt audict lac se convertist en beau sel blanc comme cristal; et le tire on dehors dudict lac par belles pieces comme des tuilles, espesses d'environ quatre ou six doygts et en fist prendre le patron et mettre en sa gallée la charge de douze ou quinze sommes. En la descente en Cypre, y avoit plusieurs pellerins de nostre gallée mallades et commença leur malladie en la Terre Saincte en laquelle lesdictz pellerins furent maltraictez, car, durant le temps qu'on y est, il fault tousjours coucher sur terre, et bien souvent dehors, et vit on mal, pour ce qu'il n'y a point de vin en toute la ville de Hierusalem ne ès aultres et ne buvoyent les Mores que de l'eaue, et le pain n'est pas bon, car il n'est point cuit et est mol comme paste. Et si ont les pellerins grant peine en visitant les Sainctz Lieux pour les grans challeurs du pays et pour ce qu'on les haste trop fort, qui sont les causes de la malladie de plusieurs pellerins.

<small>village de Larnach où arrivent toutes les marchandises qui viennent de dehors et où les marchands se fournissent des marchandises de l'isle. Ce lieu s'appelle la pointe des Salines, qui rend ceste plage tant commode, qu'il semble à le voir d'un port. » F. Estienne de Lusignan, *Description de toute l'isle de Chypre*, fᵒˢ 22-23.</small>

Nous estans audict port de Salines en Cypre, trespasserent deux desdictz pellerins. L'ung ung Cordelier qui estoyt tenu le plus fort que tous ceulx de la gallée ; l'aultre estoit natif de Flandres et estoit nommé Chrestien Vuf d'un villaige près de Ypre [1]. Et furent enterrez tous deux en l'eglise près dudict port. Nostre gallée sejourna audict port huyt jours; et cependant, nous allasmes à Nycossie et est archevesché et la meilleure ville de tout le royaulme de Cypre [2] auquel lieu estoit la Royne [3] et la pluspart de la Seigneurie du pays. Et est environ dix lieues dudict port; et nous faillut aller et venir par nuict pour eviter les grandes chaleurs qui sont audict pays, et avec ce, y a très maulvais air et y sont gens estranges souvent mallades.

En ladicte ville se font les bons camelotz et le sucre; il y a bon pain, mais le vin et les chairs sont maulvais. Dedans la ville y a plusieurs beaulx jardins ou il y a grant quantité de grenadiers et aultres arbres estranges et les fault souvent arrouser ou ilz secheroyent par la grant chaleur qui est audict pays. Environ douze lieues dudict Nycossie est la

---

1. F. Felix Faber rapporte la mort de ces deux pèlerins en ces termes : « Cumque ad mare in galeam venissemus, reperimus duos peregrinos defunctos, unus erat sacerdos ordinis Minorum, vir fortis et doctus, alter erat sartor Biccardus, vir probus et bonus. *Evagatorium*, tome Ier, page 43.

2. F. Estienne de Lusignan a donné dans sa « *Description de toute l'isle de Cypre* » une très intéressante description de Nicosie, de ses églises, des palais du Roi et des jardins qui se voyaient dans cette ville, f°s 30-33.

3. Catherine Cornaro.

plus forte ville du royaulme nommée Famacoste[1], de laquelle ville fust née Saincte Katherine et s'appelloit son pere Costus roy du pays. A demye lieue de Nycossie dessoubz grandes montaignes y a une caverne[2] en laquelle les sept Dormans martyrs furent mussez environ trois cens ans et en saillirent tous en vie.

Il y a en la ville, en aulcunes des eglises, trois des potz èsquelz Nostre Seigneur convertit l'eaue en vin. Le mardy vingt et deuxiesme d'aoust, jour de sainct Simphorien, quatre pellerins et moy allasmes toute la nuyct sur une grande montaigne qui est à environ six grandes lieues de Sallines auquel lieu y a une religion que fonda saincte Helaine et n'y demeure que ung hermite grec, et là est une grande croix qu'on dist estre la croix du bon larron qui fut là apportée par ladicte Helaine et y a au meillieu d'icelle croix une petite piece de la croix Nostre Seigneur bien honnestement attachée et est entrée dedans ladicte grant croix[3]. Plusieurs miracles ont

---

1. Famagouste, ancienne capitale de l'île, fut abandonnée à cause de l'insalubrité de son climat. Les rois de Chypre y étaient couronnés et proclamés rois de Jérusalem. *Description*, f°s 24 et 25.

2. F. Estienne de Lusignan place cette caverne près de la ville de Baffo. « On a trouvé aussi en une certaine caverne de la ville de Paphe, sept Dormans qui font plusieurs miracles : et je croy que ce sont autres que les sept Dormans d'Ephèse. » *Description*, etc., f° 62 v°.

3. Auprès de ce bourg (Togny) vers le septentrion, il y a une haulte montaigne où les démons et malins esprits se retiroient... mais saincte Hélène mist une petite partie de ce très sainct bois en ce lieu et incontinent, tous les malins esprits s'enfuirent. *Description*, f° 21 v°.

esté faictz par ladicte croix, comme on dit et y vont plusieurs en pellerinaige.

Jeudy vingt et quatriesme jour d'aoust, le jour sainct Barthelemy au matin, nous partismes de Sallines. Après disner, le vent nous fut si contraire qu'il fut necessité d'encrer; et estoyent entrez dans nostre gallée plusieurs gens de Cypre qui vouloyent venir vers Venise entre lesquelz estoit leur evesque de Famacoste qui est Cordelier et estoyt vestu de camelot gris[1]; et aussi le frere de nostre patron qui avoit longuement demouré en Cypre et estoit tout gouverneur du royaulme pour les Veniciens qui en sont seigneurs[2]. Nous estans audict port de Sallines, vint une gallée subtille des Veniciens qui estoit passée par Rhodes et nous fut dict par ceulx de ladicte gallée que les chevalliers de Rhodes avoyent tué grant nombre de Turcz à ung assault que firent lesdictz Turcz contre la ville et dict on qu'il y eut environ douze chevalliers mors et beaucoup de leurs gens tuez et navrez; et fut ledict assault si

---

1. Francesco de Pernisiis de Vecheria, Ord. Min. Lequien, *Oriens Christianus*, Paris, 1740, tome III, col. 1223.

2. Le frère d'Agostino Contarin, Ambrogio Contarin, avait été, en 1473, envoyé en Perse auprès de Ouzoun Hassan en qualité d'ambassadeur. Revenu à Venise en 1477, il reçut l'ordre de se rendre en Chypre pour y exercer auprès de la reine, les fonctions de bayle de la république. La relation du voyage de Contarin a été imprimée pour la première fois à Venise, en 1487, sous ce titre. « *Questo e el viazo de Misier Ambrosio Contarin, Ambassador de la illustrissima Signoria de Venesia al signor Uxuncassan re de Persia. Impressum Venetiis per Hannibalem Fasium Parmensem, anno Incarnationis Domini M. CCCC. LXXXVII die XVI. Januarii.*

très fort, qu'il entra huyt estendars du Turc dedans la ville avec une grant quantité de Turcz qui entrerent tant par les portes que par dessus les murs lesquelz furent tous tuez.

Nous fusmes à Nymesson par faulte de vent deux jours; et le dymenche xxviime d'aoust, partismes dudict Nymesson pour tirer en Candie; et environ huyt heures au matin, trespassa ung jeune homme Allemant qui avoit esté [faict] chevallier en Hierusalem et estoyt homme de grant estat comme disoyent ses compaignons, et fut gecté en la mer pour ce que nous estions hors du port.

De là, vinsmes au port de Baphe ou Paphe auquel lieu y a grant quantité de maisons et eglises destruictes par les Mores et Sarrazins, combien que anciennement elles furent destruictes par les Angloys; *propter reginam Anglie raptam a rege Cipri, eundo Hierusalem.*

Nota que Paphe a esté la premiere cité eddiffiée en l'isle de Cypre auquel lieu y a une eglise de Cordelliers toute creusée dessoubz terre. Et y a tant de cavernes qu'on ne s'en peult retirer quant on y entre. Là se mussa Sainct Pol, une espace de temps, lorsqu'on le persecutoyt.

Le mercredy xxxme d'aoust, au soir que nous arrivasmes audict Paphe, le commissaire de la gallée[1], lieutenant du patron fut tué en descendant

---

1. Le second des galères vénitiennes, qui était chargé de la manœuvre et de la discipline de la chiourme, portait le nom de comite et non pas celui de commissaire.

le voylle et fut enterré lendemain à Paphe. Chascun en fut mal content, car c'estoit le plus habile de nostre gallée. Ledict jour, après l'enterrement dudict commissaire qui fut devant soleil levant, nous partismes du port dudict Paphe et ne avions pas bon vent. Une heure après nostre partement, trespassa en nostre gallée ung chevallier d'Allemaigne grant seigneur et quasi le plus bel homme de tous ceulx de la gallée et en firent tous les Allemans ses compaignons grans plainctes. Et pour ce que nous estions près du port, il fut porté en terre comme le commissaire, combien que se nous eussions eu bon vent, on ne l'eust pas perdu pour luy; il eust esté gecté en la mer comme les aultres. Il fut le septiesme mort de nostre gallée[1] : et y en avoit environ une douzaine de mallades dont nous estions tous bien esbahis, parquoy chascun craignoit plus que se la malladie eust esté d'aultre qualité.

Le vendredy premier jour de septembre, nous estans à plaine mer pour tirer à Candie, veismes de loing deux gallées desquelles nous perdismes la veue incontinent de l'une et l'aultre tiroit vers nous. Et pour ce que le vent luy estoit contraire, on

---

1. F. Faber, qui fait mention de la mort de ces deux chevaliers allemands, ne donne pas leur nom. Il ne leur consacre que peu de mots. « *Interea quidam miles miserabili fine diem clausit extremum : quem illigato linteo, et lapidibus gravatum cum planctu marinis fluctibus exposuimus. Die tertia post hæc quidam alius miles, alienatus a sensibus, cum multis clamoribus et doloribus expiravit. Evagatorium*, tome I*ᵉʳ*, p. 43.

baissa son voyle, par quoy nos galliots congneurent qu'elle tiroit vers nous.

Et incontinent, pour ce que nous avions l'avantaige nous tirasmes vers eulx. Et estoyt une gallée que ceulx de Cypre avoyent envoyée en Rhodes pour sçavoir des nouvelles du Turc. Et de tant loing qu'ilz congneurent nostre gallée à l'estandart de Hierusalem, ilz sonnerent leurs trompettes et clairons en nous saluant et faisant grans cris de joye. Et nous dirent que le Turc s'en estoit allé et son artillerie, dont nous fusmes tous bien grandement resjouys; car, se nous n'eussions trouvé ladicte gallée, nous n'eussions point sceu le partement dudict Turc, et ne eussions point esté audict Rhodes, car nous prenions aultre chemin. Le long sejour que nous feismes en venant de Hierusalem au royaulme de Cypre nous fut bien convenable, car se nous fussions plustost venuz, nous eussions esté en dangier sur la route de ses gensd'armes qui occupoyent toute la mer par ou nous devions passer.

Lundy IIIIme jour de septembre après disner, nous estans près de Turquie entre Cypre et Rhodes, tous pellerins et galiotz firent un pellerin pour aller à Nostre Dame de Philarme[1] à cinq milles de Rhodes

1. Il s'agit ici de l'église de Sainte-Marie de Philérémos où l'on révérait une image miraculeuse de la Vierge.

Le baron d'Anglure donne sur Notre-Dame de Philérémos des détails intéressants que je crois devoir reproduire. « Tout près de Rodes, a environ deux lieues, a ung tres bel et digne pelerinage, en ung lieu qui est appellé Nostre Dame de Philermes. Ce lieu est en une tres haulte montagne auquel lieu se font plusieurs miracles sur ceulx qui la requierent tant en mer que en terre. Et nous estoit bien necessaire d'avoir son ayde, car nous avions esté quatre jours et quatre nuyctz que nous n'avions peu aller nostre droict chemin tant pour le vent qui nous estoit contraire que pour deffault d'iceluy. Et estions en grant dangier ou soucy pour ce que nos provisions failloient et noz eaues estoyent toutes puantes. Et le mardy, mercredy et jeudy ensuyvant, fusmes joygnant de grandes montaignes de Turquie et sont appellez l'isle de Nathalie[1] combien que c'est terre franche, car du costé de Septentrion, la mer ne environne point lesdictes montaignes, mais va on tout par terre en Grece et en Turquie. Et y a ésdictes montaignes plusieurs villes et chasteaulx appartenans audict Turc. Et pour ce que nous ne povyons avoir bon vent et que nous estions en grant dangier d'estre et sejourner si près de la terre du Turc, le patron et

---

et forte, ou il y avoit une tres forte et belle cité au temps que l'isle de Rodes estoit au gouvernement de l'empereur de Constantinoble..... et ainsi comme au milieu d'icelle cité a une petite eglise bien belle, ou il y a deux hermites. Illec, en icelle eglise y a une image de Notre Dame belle et moult vertueuse, et qui fait moult de beaux miracles, et moult y ont parfaictement grant fience tous les habitans de l'isle, tant les freres de Rodes comme les Gregois et autres marchans. *Le saint voyage de Hierusalem, pages 91-93.*

La position de Philérémos (Filermo) se trouve marquée sur la carte de l'île de Rhodes de Buodelmonti, et sur celle de Benedetto Bordone, gravée dans son *Isolario*, Venise, 1527, petit in-folio, fol. 51, V°.

1. L'Anatolie.

plusieurs des galiotz disoyent que les pellerins portoyent de l'eaue du fleuve Jourdain, et qu'elle estoit cause que nous n'avions point de vent comme plusieurs fois ilz avoient dit; et fist chercher ès coffres de aulcuns des pellerins et les fist jurer s'ilz avoient point de ladicte eaue et tout ce qui en fut trouvé fut gecté dans la mer, combien que les plus saiges de la gallée disoient que c'estoit grant follie de croire que ladicte eaue fut cause de nostre empeschement.

Le vendredy huytiesme de septembre, jour de Nostre Dame nous eusmes assez fort vent, mais il nous estoit totalement contraire; et, sur le soir, estions devant une ysle nommée Chasteau Roux[1] à cause d'une ville ainsi appellée qui estoit en ladicte ysle dont estoit seigneur le Roy Ferrant roy de Naples.

Mais, cette année, environ Pasques ou Penthecouste, que on fust adverty que le Turc faisoit grand armée pour venir en Rhodes, tous les habitans de ladicte ysle prindrent leurs biens et bruslerent la place de ladicte ysle et se retirerent en Rhodes, Candie et Naples, car aussi bien n'eussent ilz peu tenir contre l'armée dudict Turc; et cedict soir avoit sur une montaigne de ladicte ysle de grans feux

---

1. L'île de Castel Rosso ou Castelorizo, l'ancienne Megista, est située entre l'île de Rhodes et le cap Chelidonia. Le château qui la défendait avait été construit par les chevaliers de St-Jean de Jérusalem.

que faisoyent les Turcz qui maintenant tiennent toute ladicte ysle.

Le dymenche dixiesme de septembre, après midy, arrivasmes près de l'ysle de Rhodes vers un lieu que l'on appelle Liendis [1] et est un fort chasteau sur une grant montaigne ; et nous dit le truchement de le gallée que le patron n'iroit point en la ville de Rhodes qui est à environ vingt milles, pour ce qu'il doubtoit que toute l'armée du Turc fust encoires devant. Et pour ce que nous n'avions point de eaue et que toute la sepmaine nous avions beu eaue toute puante qui nous fut le plus grant mal que nous eussions encoires eu sur la mer, et n'en povyons finer, mais ung des galiotz en vouloit vendre ung baril qui n'est que la charge d'ung homme quatre marcelins qui sont neuf solz parisis. Le patron voyant la disette, envoya querir de l'eaue fresche en terre et cependant, vindrent deux petites navires qui alloyent en Rhodes et nous dit on qu'il estoit certain que ladicte armée du Turc s'en estoit allée et adonc tirasmes audict Rhodes.

Le dymenche x de septembre, environ dix heures de nuyct, nous arrivasmes devant le hable et port de Rhodes qui est le plus beau et le plus grant qui soit en tout le chemin de Hierusalem, combien

---

1. Lindos (Lindo) est une petite ville située sur la côte, au sud-ouest de Rhodes. Elle était défendue par un château construit par les chevaliers de St-Jean. Hamilton, *Researches in Asia Minor*, Londres, 1842, tome II, pages 51-55. V. Guérin, *Ile de Rhodes*, Paris, 1880, pages 219-250.

que celuy de Candie semble estre plus fort et de plus difficile entrée. Du costé de devant il est fermé d'un fort et d'une chaussée fort large sur laquelle y a XIII moulins à vent qui sont fort plaisans à veoir mouldre ; et au bout de la chaussée y a ung petit chasteau fort qu'on appelle la tour de France ; et du costé de septentrion est fermé d'une entrée forte de grosses roches et au bout d'ycelle y a une aultre forte tour nommée Sainct Nycolas laquelle fist faire Philippe duc de Bourgongne et devers la ville est fermé de beaulx fors murs.

Rhodes est assez belle ville et est très bien fermée et environnée de bons murs et belles tours, bien artillée et bien entretenue, assise environ le tiers en mer et trois pars en terre plaine. A l'ung des costez de la ville y a ung beau chasteau auquel est l'eglise de Sainct Jehan dont sont les chevalliers de Rhodes. Et y a autour d'icelle eglise plusieurs belles maisons et demourances pour lesdictz chevalliers et pour chascune nation desdictz chevalliers y a belles salles ou ilz mangent ensemble, comme religieux. Ladicte eglise de Sainct Jehan est très belle et richement garnie de toutes choses necessaires. En icelle a plusieurs belles reliques entre lesquelles y a une piece de la croix Nostre Seigneur Jesuschrist et ung des deniers dont il fut vendu et deux espines de la couronne dont l'une florit tous les ans le jour du grant Vendredy. Et dit on que c'est une de celles qui entra dedans son chief.

Item, une croix qui est faicte du bassin ou il lava les piedz de ses apotres après la Cene, et plusieurs belles reliques lesquelles j'ai veues et touchéez. Et est Rhodes ung archevesché et est nommée *Civitas Coloscensis*, car quant Sainct Pol escripvoit *ad Coloscenses*, c'estoit à ceulx de Rhodes.

Cette presente année quatre centz quatre vingtz, le xxiiiime jour de may, fut mis le siege devant Rhodes par les Turcz et Sarrazins qui y vindrent en si grant puissance que c'estoit chose merveilleuse de le veoir par mer et par terre, tout autour de la ville pour icelle destruire et anichiller et les habitans mettre à martyre et faire mourir de mort cruelle en mesprisant et contempnant Jesuschrist Nostre Seigneur, sa glorieuse Mere et la saincte loy chrestienne, laquelle ilz persecutoyent continuellement en voulant exaulcer la malheureuse et detestable loy du malheureux dampné Mahommet, le invoquant et priant comme Dieu. Durant ledict siege qui fut depuis le jour dessusdict jusques au dixhuitiesme jour d'aoust ensuyvant, fut la cité quasi continuellement assaillie et batue par lesdictz Turcz nuyt et jour d'artillerie si merveilleuse et si furieuse que jamais homme ne ouyt dire ne raconter chose si piteuse ne espoventable. Et y avoyt grant quantité de bombardes qui jectoyent pierres pesant neuf centz quintaulz, grosses et dures comme fer et estoyent de la grosseur de neuf paulmes de tour, de laquelle artillerie furent rompuz et abbatuz grans murs, tours et eglises, maisons, moulins et habitations d'icelle ville, qui est ung dommaige quasi inestimable. Durant ledict temps, iceulx Turcs donnèrent trois merveilleux assaultz dont les deux premiers furent contre la tour de Saint Nicolas qui estoit le plus dangereux lieu et fort à garder de toute la ville.

Le vendredy vingt uniesme d'octobre, nous arrivasmes à Venise et dymenche après, partismes dudict Venise pour aller à Romme et passasmes par les lieux qui s'ensuyvent.

Premierement :

Corsi, bonne ville [1].
Reveur, bonne ville et cité [2].
Pescro, cité [3].
Encome [4].
De Venise à Encome ville et cité, CCXXVI milles.
D'Encome à Saincte Marie de Loret, XV milles.
A Saincte Marie de Loret est la chappelle en laquelle estoit la vierge Marie quant l'ange Gabriel luy annonça quelle seroit mere du fils de Dieu.

1. Chioggia.
2. Ravenne.
3. Pesaro.
4. Ancône.

Arcanart, cité bonne ville [1],   III milles.
Sainct Severin, ville [2],   XXII milles.
Camurin, ville et cité [3],   VII milles.
Spollecte, cité et ville [4],   XXVIII milles.
Carant, bonne ville [5],   XII milles.
Nargice, cité très forte [6],   VII milles.
Trigolle, chasteau [7],   VI milles.
De Trigolle à Romme y a   XXVIII milles.

Le mardy septiesme jour de novembre à XXIIII heures, arrivasmes à Romme par la porte de Nostre Dame *de populo* nommée *Porta Flamina*. Nous fusmes huyt jours à Romme à visiter les eglises et aultres beaulx lieux.

Le mardy treiziesme dudict moys, environ XV heures, partismes de Romme par la porte nommée *Porta viridaria* et passasmes par la tour de Beaucanne [8] et y a de Romme quinze milles.

---

1. Recanati (Recinetum). Les fortifications de cette ville avaient été relevées en 1441 pour la mettre à l'abri d'un coup de main de Francesco Sforza.
2. San Severino Marche, sur le bord du Potenza.
3. Camerino, dans les Marches et la province de Macerata.
4. Spoleto.
5. Terni, sur les bords de la Nera.
6. Narni, bâtie sur la pente d'une montagne au pied de laquelle coule la Nera.
7. Otricoli, l'ancienne Otriculum.
8. Baccano (district de Campagnano) à vingt-neuf kilomètres de Rome. La forêt de Baccano servait d'asile à de nombreuses bandes de brigands et une tour avait été élevée près de la route pour en assurer la sécurité.

Monteroze[1],	vi milles.
Rossillon[2],	ix milles.
Viteper, ville[3] et cité,	xi milles.
Montflacon[4],	viii milles.
Boursaine, ville sur ung lac[5],	vi milles.
Sainct Laurens, villette[6],	iiii milles.
Aque pendente, ville grande[7],	v milles.
Pont Satour[8],	iiii milles.
La Paillie[9],	vii milles.
Recours[10],	v milles.
Sainct Clerio, ville[11],	ix milles.
Bon Couvent, ville[12],	viii milles.
Cene, grant cité[13],	xi milles.

1. Monterosi, à quarante-six kilomètres de Rome, sur les bords du lac Bracciano.
2. Ronciglione dans le district de Viterbe.
3. Viterbe.
4. Montefiascone s'élève au sommet d'une haute colline sur la rive méridionale du lac de Bolsena.
5. Bolsena.
6. San Lorenzo porte, depuis le pontificat de Clément XIV, le nom de San Lorenzo Nuovo.
7. Acquapendente, non loin de la rive droite du Paglia. Au xve siècle Acquapendente était un fief des Sforza.
8. Ponte Centeno ou Centino.
9. Paglia est le nom d'un torrent qui, après avoir traversé les districts de Ponte Centeno et d'Acquapendente, se jette dans le Tibre. — La Paglia est le nom d'une hôtellerie située sur sa rive.
10. Ricorsi, petite ville du canton d'Abbadia San Salvatore dans la province de Sienne, s'élève sur la rive droite du torrent Formone.
11. San Quirico, à vingt-deux kilomètres de Montepulciano.
12. Buonconvento, bourgade de la délégation de Montalcino, non loin du confluent de l'Arbia et de l'Ombrone.
13. Sienne.

DE HIERUSALEM

Sainct Donast, ville [1], le commencement de la Seigneurie des Florentins.	ix milles.
Sainct Cene, ville [2],	viii milles.
Florence, belle cité et grande,	viii milles.
Lescaperie, ville [3],	xiiii milles.
Florenscolle, villette [4],	x milles.
Boulongne la grasse,	xxx milles.
Chastel franc, villette [5],	xv milles.
Modent, cité [6],	v milles.
Robert, forte ville de Lombardie [7],	vii milles.
Rege, cité [8].	
Palme [9],	xv milles.
Bourg Sainct Denys, ville [10],	xv milles.
Florenscolle II, villette [11],	viii milles.
Plaisance, grant cité,	xii milles.
Chastel Sainct Jehan, ville [12],	xii milles.

1. San Donato di Certaldo.
2. San Casciano.
3. Scarperia.
4. Firenzuola, gros bourg sur la rive gauche du Santerno, fut, au xive siècle, solidement fortifié pour tenir en bride les Ubaldini.
5. Castelfranco (Forum Gallorum), à vingt-six kilomètres de Bologne.
6. Modène.
7. Rubbiera, à mi-chemin entre Modène et Reggio.
8. Reggio.
9. Parme.
10. Borgo San Donnino (Fidentia Julia), à vingt-quatre kilomètres de Parme et à trente-cinq de Plaisance.
11. Fiorenzuola, petite ville sur la rive droite de l'Arda et sur la « Via Emilia », à vingt-six kilomètres de Plaisance.
12. Castel San Giovanni (Castrum S. Joannis de Aubra), à dix-neuf kilomètres au nord de Plaisance.

Chastaigne et Broyne, villes [1],	VIII milles.
Rogarie, ville [2],	XII milles.
Pontqueron, ville [3],	IV milles.
Tortonne, ville,	V milles.
Alexandrie, bonne ville,	XII milles.
Solere, ville [4],	V milles.
Parquacradenon, ville [5],	XIII milles.
Aast, bonne ville et cité [6],	IX milles.
Sainct Damyen, ville [7],	
Canaye, ville [8],	III milles.
Habru, ville [9],	IX milles.
Arssam, grande ville [10],	IX milles.
Cosne, ville en hault [11],	X milles.

Le bourg, commencement de la montaigne de Cosne qui est la pire à passer qui soit en tous les mons,   III milles.

---

1. Casteggio (Clastidium), gros bourg à dix kilomètres de Voghera. Casteggio est aussi désigné sous les noms de Chiasteggio, Schietezzo et Schiatezo.

Broni (Brona), dans la province de Pavie et le district de Voghera.

2. Voghera, sur la rive droite de la Staflora.
3. Ponte Currone, dans la province de Novare, district de Cannobio.
4. Solero (Solerium), province et arrondissement d'Alexandrie, district de Felizzano.
5. Piano di quarto.
6. Asti.
7. San Damiano.
8. Canale (Canalis), grosse bourgade sur la rive gauche du Borbore, à treize kilomètres d'Alba.
9. Brà (Braida), province de Cuneo, district d'Alba.
10. Fossano (Fossanum), à quarante-huit kilomètres de Turin.
11. Cuneo.

Lymont, pied de montaigne [1],	viii milles.
Cande, bonne ville [2],	vii milles.
Sours [3], très fort passaige,	vi milles.
Breil.	
Ce dict jour vinsmes au gîte à Lespel [4],	ix milles.
Lestarme [5],	vi milles.
De Lestarme à Nyce y a,	ix milles.
Nyce est une cité sur la mer,	
Grace,	v lieues.
Dravignen, ville [6],	vii lieues.
Lorgingue, chasteau [7],	ii lieues grandes.
Cerre, chasteau [8],	iii lieues grandes.
Le Val, chasteau [9],	ii lieues.
Sainct Maximin, bonne ville,	iii lieues.

1. Limone Piemonte, au confluent des deux torrents de Valleggia et de Vermenagna
2. Tenda, sur la rive droite de la Roja.
3. Saorgio.
4. Sospel, chef-lieu de canton de l'arrondissement de Nice (Alpes-Maritimes).
5. L'Escarène, chef-lieu de canton de l'arrondissement de Nice (Alpes-Maritimes).
6. Draguignan (Var).
7. Lorgues, chef-lieu de canton de l'arrondissement de Draguignan (Var).
8. Carcès, commune du canton de Cotignac, arrondissement de Brignoles (Var). Ancienne seigneurie de Provence, érigée en comté en faveur de François de Pontevez par lettres de mai 1517. Dans la seconde moitié du xvie siècle pendant les guerres de religion on donna, en Provence, aux catholiques qui suivaient le parti du comte de Carcès, le nom de *Carcistes*. Ils se reconnaissaient à leur longue barbe.
9. Le Val, commune du canton de Brignoles, arrondissement du même nom (Var).

La Baulme, merveilleux lieu [1],	III lieues grandes.
Aubaine, villette [2],	IIII lieues.
Marceille, bonne cité,	III lieues.
Alenxon, chasteau [3],	
Salon, bonne ville,	I lieue grande.
Senac, chasteau [4],	II lieues.
Orgon, chasteau,	II lieues.
Nabal, villette [5],	II lieues.
Avignon, ville cité,	II lieues.
Chastel neuf [6],	II lieues.
Orange, cité,	II lieues.
Pirlant, cité [7],	I lieue.
Mornas,	I lieue.
Mont Dragon, ville et chasteau,	I lieue grande.

1. On désigne sous le nom de la Sainte-Baume le point culminant des chaînes de montagnes qui s'étendent sur les frontières des deux départements du Var et des Bouches-du-Rhône. Non loin de la montagne de Ste-Baume se trouve la commune de Nans, canton de Saint-Maximin, arrondissement de Brignoles.

2. Aubagne, chef-lieu de canton de l'arrondissement de Marseille.

3. Lançon, commune du canton de Salon, arrondissement d'Aix (Bouches-du-Rhône).

4. Senas, commune du canton d'Orgon, arrondissement d'Arles (Bouches-du-Rhône). Ancienne baronnie de Provence érigée en marquisat, en 1643, en faveur de Balthasar de Jarente.

5. Ce mot désigne probablement Noves, commune du canton de Châteaurenard, arrondissement d'Arles, située à mi-chemin entre Orgon et Avignon.

6. Châteauneuf-Calcernier, commune du canton ouest d'Orange, arrondissement d'Orange (Vaucluse). Ruines de l'ancienne résidence d'été des papes.

7. Piolenc, commune du canton ouest d'Orange, arrondissement d'Orange (Vaucluse).

Lepatus, villette [1],	I lieue.
Pierrelacle, villette [2],	I lieue.
Donocerre [3],	I lieue.
Chastel neuf le Roy [4],	I lieue.
Montelymart,	I lieue.
Lorto, bonne ville [5],	IV lieues.
Valance, cité,	IV lieues.
Romans, ville,	III lieues.
Sainct Anthoine en Viennois, ville [6],	IV lieues.
Montrigault, villette [7],	II lieues.
Sarre, ville [8],	I lieue.
Beaurepaire, ville [9],	I lieue.
Vienne, cité,	IV lieues.
Sainct Saphorin villette [10],	II lieues.

1. Mornas, Mondragon et La Palud, communes du canton de Bollène, arrondissement d'Orange (Vaucluse). Aujourd'hui encore on aperçoit, avant d'arriver à Orange, les ruines imposantes du château de Mornas, se dressant au sommet de rochers abrupts.
2. Pierrelatte, chef-lieu de canton de l'arrondissement de Montélimar (Drôme).
3. Donzère, commune du canton de Pierrelatte. Ce bourg appartenait jadis à l'évêque de Viviers, qui prenait le titre de prince de Donzère.
4. Châteauneuf-du-Rhône, commune du canton de Montélimar.
5. Loriol, chef-lieu de canton, arrondissement de Valence.
6. St-Antoine, commune du canton et arrondissement de St-Marcellin ; l'église de l'ancienne abbaye est un des plus beaux spécimens de l'art au XIIIe et au XIVe siècle.
7. Montrigaud, commune du canton du Grand-Serre, arrondissement de Valence.
8. Le Grand-Serre, chef-lieu de canton de l'arrondissement de Valence ; on y voit une enceinte de murs, percée de cinq portes.
9. Beaurepaire, chef-lieu de canton de l'arrondissement de Vienne.
10. St-Symphorien-d'Ozon, chef-lieu de canton de l'arrondissement de Vienne.

Lyon sur le Rosne, III lieues.
Ace, villette¹, IV lieues.
Villefranche, bonne ville, I lieue.
Belleville, ville², II lieues.
Aston, cité³, IV lieues.
Clunny, ville, IV lieues.
Mont Sainct Vincent⁴, V lieues.
Mont Senys, chasteau⁵, III lieues.
Hostum⁶, IV lieues.
Saulieu, bonne ville⁷, VIII lieues.
Abalon, bonne ville⁸, IX lieues.
Crevan, ville⁹, V lieues.
Sainct Bris, ville¹⁰, II lieues.
Auxerre, cité, II lieues.
Joigny, bonne ville, VI lieues.
Villeneufve le Roy¹¹, IV lieues.
Sens, cité, IV lieues.

1. Anse, chef-lieu de canton de l'arrondissement de Villefranche.
2. Belleville, chef-lieu de canton de l'arrondissement de Villefranche.
3. Mâcon.
4. Mont-Saint-Vincent, chef-lieu de canton de l'arrondissement de Chalon (Saône-et-Loire).
5. Montcenis, chef-lieu de canton, arrondissement d'Autun (Saône-et-Loire).
6. Autun.
7. Saulieu, chef-lieu de canton, arrondissement de Semur (Côte-d'Or).
8. Avallon.
9. Cravant, commune du canton de Vermenton, arrondissement d'Auxerre (Yonne).
10. Saint-Bris, commune du canton est d'Auxerre.
11. Villeneuve-sur-Yonne, chef-lieu de canton de l'arrondissement de Joigny (Yonne).

Moret, ville,   x lieues.
Melun, ville,   vi lieues.
Paris.   x lieues.

Cy finist le voyage de la Saincte Terre et cité de Hierusalem tant par mer que par terre.

ACHEVÉ D'IMPRIMER

A ANGERS

LE QUINZE MAI M D CCC L XXX II

CHEZ BURDIN ET Cie, IMPRIMEURS

CORRECTIONS ET ADDITIONS

Page XVI, ligne 25. Au lieu de « *Jechbek* » lisez « *Yechbek* ».
Page XXI, ligne 8. Au lieu de « *Yechbech* » lisez « *Yechbek.* »
Page 13, ligne 22. Il faut, sans aucun doute, ajouter après les mots « en façon de crosse, » les suivants qui manquent dans toutes les éditions : « et estoit le duc. »
Page 22, ligne 6. Au lieu de « sauvvaige » lisez « sauvaige. »
Page 31, note 1. Au lieu de « Sarzere » lisez « Sazere. »
Page 44, note. Au lieu de « *Exagatorium* » lisez « *Evagatorium.* »
Page 50, ligne 27. Le mot « plu » est orthographié « plus » dans toutes les éditions.
Page 64, ligne 24. Au lieu de « on baissa » on lit dans l'édition de 1517 « on laissa. »
Page 78, note. Au lieu de « Olliviers, » lisez « Oliviers. »
Page 85, note. Ajoutez les mots suivants « postérieures à celle de 1517. » Ce plan se trouve aussi dans la relation de Sancto Brascha.

TABLE ALPHABÉTIQUE

DES

NOMS DE PERSONNES ET DE LIEUX

A

Aast, voy. Asti.
Abalon, voy. Avallon.
Abibon, 71.
Abraham, XVII, XLV, 84, 85.
Absalon (Tombeau d'), 79.
Ace, voy. Anse.
Acquapendente, 118.
Adam (rivière), voy. Adda.
Adda (rivière), 9 n.
Adige, 10 n.
Agasson (Le Pont), 4.
Ahmed Bey Evrenos Oglou, V°
Ahmed Gueduk Pacha, VIII, XIV, 22 n., 39 n.
Albanie, VII, X, 21, 28, 38, 39.
Alenxon, voy. Lançon.
Alexandre III, 20 n.

Alexandrie (en Égypte), XI, XVII, XXXV, n. — (en Italie), 120.
Allemands (Les), XIV, XXVII, XXVIII, 109.
Alonzo (Don), fils du roi Ferdinand, X.
Aly Bay el Khasseki, XVI.
Ambroise (Saint), 8.
Ambrosio (Francesco d'), 39 n.
Amédée VI de Savoie, 6 n.
Amédée VIII de Savoie, 8 n.
Amouas, voy. Emmaüs.
Amr ibn el Ghanim, XVIII, 87 n.
Anastaise (Saint), 47.
Anastasie (Sainte), 32.
Anatolie, 53 n., 111 n.
Ancône, 116 n.

Andry (Saint), 46.
Anglais (Les), XXIX, XXXI, XXXII, 108.
Anglure (Baron d'), 18 n., 110 n.
Anne (Maison d'), à Jérusalem, 72, 80.
Antoine (Saint), 10, 46.
Anse, 124 n.
Anseaume (Saint), 31.
Anthieuvre, voy. le suivant.
Antivari, 38 n.
Arabes, en Terre-Sainte, XVIII, XIX, 65, 68, 86, 87, 88, 99.
Arabie, 90.
Arcadie, 45 n.
Arcanart, voy. Recanati.
Archinto (Ambrosio), XXXVIII.
Arimathie, 68 n., 98.

Arméniens, à Jérusalem, 69, 74.
Arrabie (Mont d'), 45.
Arssam, voy. Fossano.
Asie-Mineure, III.
Asti, 120 n.
Aston, voy. Mâcon.
Aubagne, 122 n.
Aubaine, voy. le précédent
Aubusson (Pierre d'), XIII.
Autriche (Duc d'), XXXII.
Autun, 124 n.
Auxerre, 124.
Avallon, 124 n.
Avigliana, 6 n.
Avignon, 122.
Ayguebelette, 5 n.
Ayguebelle, 5.
Azarieh (El), 92 n., voy Béthanie.

B

Babylone, 80, voy. Caire (Le).
Baccano, 117 n.
Baffo, XXIX, 54, 55, 56, 106, 108, 109.
Baguetin (monnaie), 27 n.
Balnea Junonis, 10 n.
Baphe, voy. Baffo.
Baptiste de Lubeck (Frère), 82 n.
Baratieri (Nicolò), 23 n.

Barbadigo (Doge), XXXV n.
Barbaro (Giosafatte), 24 n.
Barbe (Sainte), 18, 84.
Barozzi (M.), 15 n.
Barthélemy de Plaisance (Frère), XXIV.
Baume (La), voy. Sainte-Baume (La).
Bayezid (Sultan), 46 n.

Béatrice de Lorraine, 9 n.
Beaucanne, voy. Baccano.
Beaurepaire, 123.
Beit-Dedjan, 62 n.
Belleville, 124.
Bellini (Gentile), VII.
Belvedere (province de), 45 n.
Bénard (M.), XXXVII n.
Bénédictins (Les), 6 n.
Benou Zeyd (Tribu des), XIX.
Berardo Maggi, 10 n.
Bergomensis (Phil.), 28 n.
Besars (Maison ès), 4.
Besson, IV n.
Béthanie, XXXVI n., 88, 92.
Bethlehem, XVII, XXIII, XXXVI n., XLIII, 80, 81, 82, 83.
Bethnobe, XXXVI n.
Bethphage, 93.
Beyrout, 17 n.
Binard, XLI n.
Birlinger (M. A.), XXV n.
Blaise (Saint), 37.
Boetius, 30.
Bologne, 119.
Bolsena, 118 n.
Bon (Nicolò), XII.
Bon Couvent, voy. Buonconvento.
Bondonnet (Jean), IV n.
Boniface, marquis de Mantoue, 9 n.
Bonnardot (M.), 18 n.
Bonny, 3 n.

Bordone (Benedetto), 111 n.
Borgo San Donnino, 119 n.
Boromeo (Alessandro), 19 n.
Bosnie, 35.
Bossenat, voy. le précédent.
Bouillon (Godefroid de), 93.
Bourak el Merdjy, 66 n.
Bourbon (Louis de), comte de Clermont, XL.
Bourbon (Louis de), évêque de Liège, XLIII, 51 n.
Bourgain, voy. Bourgoin.
Bourget, 5 n.
Bourgoin, 4.
Bourg Sainct Denys, voy. Borgo San Donnino.
Boursaine, voy. Bolsena.
Boursebourg, voy. Bussoleno.
Bouyn, voy. Bonny.
Brà, 120 n.
Bragadin (Antonio), IX.
Bramete (rivière), voy Brenta.
Brascha, voy. Sancto Brascha.
Brazzo di Maina, V.
Breil, 121.
Brenta (rivière), 11.
Brescia, 10 n.
Bresse, voy. le précédent.
Breul (J. du), XLI n.
Breydenbach, XIII n., XXV n.
Broni, 120 n.
Broquière (Bertrandon de la), I, II, III.
Broyne, voy. Broni.

Bulcy, 4 n.
Bulgarie, III n.
Buodelmonti, 111 n.

Buonconvento, 118 n.
Bussière (La), 4 n.
Bussoleno, 6 n.

C

Cailles (Port des), 48 n.
Caïphe, 72.
Caire (Le), XI, XVI, XVII, XVIII, XXII, XXIII, XXIV, 80, 81.
Calabre (Duc de), XIV.
Calahorra (P. Fr. Juan de), XXXV n., 59 n., 82 n.
Caldiers (Caldiero), 10.
Calvaire (Mont du), XXXVIII, XXXIX, 73, 85, 94, 96.
Camerino, 117 n.
Campidona, voy. Kempten.
Camurin, voy. Camerino.
Canaye (Canale), 120.
Cande, voy. Tenda.
Candie, V, X, XI, XXVIII, XXIX, XXXI, XLIII, 31, 49, 51 n., 52, 53, 54, 102, 108, 109, 112, 114.
Candie (Duc de), voy. Giustinian.
Canebourg, voy. Lanslèbourg.
Canée (La), 48.
Canera (Famille des), 7 n.

Caoursin, XIII n.
Caramanie, III.
Carant, voy. Terni.
Carcès, 121 n.
Carmini (Eglise de'), à Venise, 19 n.
Casoppo, 44 n.
Cassano d'Adda, 9 n.
Cassen, voy. le précédent.
Casteggio, 120 n.
Castelfranco, 119 n.
Castello Olivolo, 12 n.
Castel Rosso, 112 n.
Castel San Giovanni, 119 n.
Catherine, reine de Chypre, voy. Cornaro.
Catherine (Sainte), 106.
Caumont (Nompar II, seigneur de), I.
Cavadoro de' Pregadi (Anzolo), XII, 15 n.
Caye, voy. Cailles.
Cédron (Torrent de), 77, 88.
Celse (Sainte), 9.

Cene, voy. Sienne.
Cenis (Mont), 5, 6, 8.
Cerigue (Cerigo), 48.
Cérines (Château de), XI.
Cerre, voy. Carcès.
Cerve (rivière), voy. Sesia.
Cervius (Mont), XXXII.
Chambéry, 5.
Charles VI, II.
Charles le Bel, XL.
Charlotte, reine de Chypre, voy. Lusignan.
Charlotte, reine de France, 26.
Chastaigne, voy. Casteggio.
Chasteau Roux, voy Castel Rosso.
Chastel franc, voy. Castelfranco.
Chastelneuf le Roy, voy. Châteauneuf-du-Rhône.
Chastel Sainct Jean, voy. Castel San Giovanni.
Château-Landon, 4.
Châteauneuf-Calcernier, 122 n.
Châteauneuf-du-Rhône, 123 n.
Cherzo (Ile de), 31 n.
Chihab eddin Ahmed ibn Moubarekchâh, XIX.
Chioggia, 116 n.
Chivasso, 7 n.
Chypre, IX-XI, XV, XXIX, XLIII, 24 n., 54, 55, 56, 102, 103, 105-108, 110.
Clermont (Comte de), voy. Bourbon (Louis de).
Clinacum, voy. Chivasso.

Cluny, 124.
Clynas, voy. Chivasso.
Coccaglio, 10 n.
Cocco (Nicolò), XIII.
Colleoni (Barthélemy), 9 n.
Coloscensis (Civitas), 115, voy. Rhodes.
Comynes (Philippe de), XLI.
Constantinople, III, IV, V, XXIX, 17, 18 n., 19 n., 20 n., 23.
Contarin (Agostino), III, XXIX-XXXI, XXXIV, XXXV, 24, 52 n.
Contarin (Ambrogio), XXIX, 24 n., 107 n.
Contarin (Benedetto), 24 n.
Coquaye, voy. Coccaglio.
Corbeil, 3.
Corfou, III, VIII, XV, XXVII, XXXI, 22 n., 41-45, 46.
Cornaro (Catherine), IX, XI, XXIX, 105 n.
Corner (Ser Andrea), XI.
Cornet (M.), 24 n.
Corphol, voy. Corfou.
Corsi, voy. Chioggia.
Corzole, voy. Curzola.
Cosne, 4, voy. Cuneo.
Costus (Le roi), 106.
Courvaisier de Courteilles (Antoine le), IV n.
Cravant, 124 n.
Cressin (rivière), voy. Tessin.
Crète (Ile de), voy. Candie.

Crevan, voy. Cravant.
Crocicchieri, voy. Saint-Julien (Religieux de).

Cuchlica (Stretto di), 33 n.
Cuneo, 120 n.
Curzola, XXVII, XXXIV, 34, 35.

D

Dalmatie, V, 35.
Damas, XXXV, XXXVIII.
Damiette, XXXV n.
Dandolo (Doge), 16 n., 18 n., 46 n.
Daniel, 80, — (tombeau de) 98.
Dardanelles (Les), II.
Darmont (M. Lambert), XLVI.
Dario (Giovanni), IV, V.
Dauphiné, 5.
David (Le roi), 69, 71, 79, 81, 98.
Da Zara (Famille), 22 n.
Deville (A.n.). 30 n.

Devadar (Le grand), voy. Yechbek.
Diodar de Syrie, voy. Yechbek.
Djany Bek Kouhièh, XXI n.
Djaqmaq (Sultan), XXI n.
Djar Qouthlou (Emir), XVII.
Donocerre, voy. le suivant.
Donzère, 123 n.
Doria (Paganino), 30 n.
Dormants (Les sept), 106.
Draguignan, 121.
Ducine, voy. le suivant.
Dulcigno, 38 n.

E

Eberhard le Barbu (comte de Wurtemberg), XXVI, XXXII.
Egypte, II, XXXVIII, 80.
Egyptiens (Les) en Chypre, IX.

Elie (Le prophète), 81.
Elisabeth (Sainte), 83, 84, 89.
Emaulx, voy. le suivant.
Emmaüs, 68 n., 98.

DES NOMS DE PERSONNES ET DE LIEUX

Encome, voy. Ancône.
Enea, 65.
Escarène (L'), 121 n.
Esclavonie, VII, 21, 28, 31.
Essonne, 3.

Éthiopiens (Les), 68.
Etienne (Saint), 19, 71.
Eusèbe, 68 n.
Ezzelin, III, 9 n., 10 n.

F

Faber (Felix) III, IV n., XV, XXV-XXXIV, XXXVII n., XXXVIII, 20 n., 24 n., 28 n., 37 n., 105 n., 109 n.
Facardin, XXIII.
Famagouste, 56, 106.
Fantino (Georgio), 52 n.
Fathimah, fille du Prophète, XVII.
Federigo (D. G.), V n.
Ferdinand, roi de Naples, VII, X, XI, XIII, XIV, 15, 112.
Ferrant (Le roi), voy. le précédent.
Ferrare, XXXIII.
Fiorenzuola, 119 n.

Firenzuola, 119 n.
Florence, 119.
Florenscolle, voy. Fiorenzuola et Firenzuola.
Florentins (Les), VIII.
Fontes Junonis, 10 n.
Foscari (Doge), VIII.
Fossano, 120 n.
Français (Les), XXVII, XXVIII.
France (Tour de), à Rhodes, 114.
Franciscains, en Terre Sainte, XX, 63 n.
François (Saint), 16 n.
Frangipani (Jean), XII, XIII.
Frédéric Barberousse, 9 n.
Fuchs (Ludwig), XXVI.

G

Gabriel (L'ange), 116.
Galilæa, près de Jérusalem, 78, 86.
Galilée (La), XXXVIII, 72.
Gamaliel, 71.
Gardeze (rivière), 10.
Gassot (Jacques), XLI n.
Gatzello, voy. le suivant.
Gazella, XXXV.
Gazère, voy. Gazza.
Gazopoli (Iles de), XXXI.
Gazza, XVI, 66 n.
Genève (Evêque de), voy. Savoie (Jean-Louis de).
Génois (Les), VIII, 30 n.
Gente, voy. Zante.
Georges (Saint), 65 n.
Georgevitz (Barthélemy), XLVI.
Géorgiens, à Jérusalem, 74, 84.
Gervais (Saint), 8.
Gethsemani, 79.
Ghirs eddin Khalil (Le Qadhi), XVII.
Giraudet (Gabriel), XX.
Giuliano (Marco), 20 n.
Giustinian (Francesco), 24 n.

Giustinian (Marco), duc de Candie, 51 n.
Giustinian di Andrea (Giustina), 24 n.
Giustiniani (Famille des), 22 n.
Godefroy de Bouillon, 95.
Goliath, 98.
Gorgonzola (Niccolò da), XL.
Grand-Serre (Le), 123 n.
Grange (Marquis de La), I n.
Grasse, 121.
Grèce, VII, 43.
Grecs (Les), XXXVI n., 65 n., 73, 97.
Grégoire (Saint), évêque de Naziance, 19.
Grisogone (Saint), 32.
Gritti (Doge), 23 n.
Guarmani, 59 n.
Gueduk Ahmed Pacha, voy. Ahmed Gueduk.
Guérin (M.), 68 n., 69 n., 98 n., 113 n.
Guilleberie (La), voy. Ayguebelette.
Guichenon, IV n., X n.

H

Habacuc, 80.
Haberlin (M.), XXV n.
Habru, voy. Brà.
Hadji Mohammed, XXXV n.
Hamilton (M.), 113 n.
Hanbalites (Secte des), XIX.
Hassler (Dr Conrad), XXV n.
Hébron, XVI, XVII.
Hélène (Sainte), 19, 81 n., 85, 93, 102, 106.

Henri V, roi d'Angleterre, II.
Hérode Agrippa, 70, 76, 77, 84, 86.
Homme-Sauvage (Auberge de l'), à Venise, VIII, 22.
Hongrie, III, XII.
Hostun, voy. Autun.
Hourse, 5.
Hundt (M.), XXVI n.

I

Incoronata (Ile de l'), 32 n.
Indiens, au Saint-Sépulcre, 73.
Innocents (Corps des), 20.
Innocents (Fontaine des), à Paris, 38.

Isaac, fils d'Abraham, 84.
Isère, 5 n.
Ister (fleuve), 30.
Istrie, V, 30.

J

Jacob (Le patriarche), 81.
Jacobites (Les), 73.
Jacques (Saint), 69, 73, 79.
Jacques, roi de Chypre, IX, X.

Jafet, fils de Noé, 57.
Jaffa, XXVIII, XXIX, XXXV, XXXVII, 24 n., 57, 58, 60, 62 n., 100, 102.

Jarente (Balthasar de), 122.
Jarre, voy Zara.
Jean l'Evangéliste (Saint), 70.
Jean-Baptiste (Saint), 5, 83, 90.
Jehan de Liège, 22.
Jéricho, XVIII, 87 n., 89, 90, 91.
Jérôme (Saint), 32, 82, 91.
Jérusalem, XVII, XVIII, XX, XXI n., XXII, XXIII, XXIV, XXVI, XXIX, XXXV n, XXXVI, 2, 3, 25, 57, 58, 66, 68, 69-80, 82 n., 83, 86, 87, 89, 92, 93, 95, 100, 102, 103, 104.
Jésus-Christ, 17, 69, 71, 72, 74, 75-80, 82, 85, 86, 88, 89, 90-93, 95-97,

Joachin, 77, 89.
Johnes (Thomas), II n.
Joigny, 124.
Jonas, 61.
Joppe, 57, voy. Jaffa.
Josaphat (Vallée de), 71, 77, 80, 85, 88, 93, 94.
Joseph d'Arimathie, 68, 95, 98.
Jourdain (Le), XVIII, XXXVI n., 86, 90, 91, 102
Judas, 70, 88, 93.
Judée (Montagnes de), 83.
Juifs (Les), XXXI, 27, 28, 44, 101, 102; — (tombeaux des), 64.
Justinien, 69 n.

K

Kamer (Christian von), XXVI n.
Karm esseyyad, 78 n.
Kempten, XXXII

Kimera (Montagnes de la), V.
Kregen (Château de), XXXII.
Kurdes, en Palestine, XVI.

L

Lachambre, 5.
La Charité, 4.
Ladignace, 10.
Ladislas, roi de Naples, 32 n.

La Galera (Château de), 7 n.
Laghetto di S. Bartolomeo, — della Madonna, 6 n.
La Marche, 4.

Lambrate, 9 n.
Landriano (Antonio), XXXIX.
Lannoy (Ghillebert de), I, II.
La Palisse, 4.
Larizatte, 7 n.
Larnaca (Salines), 103, 106, 107.
Latins (Les), XVII, 69 n., 73.
Layard (Sir Henry), VII n.
Lazare, 92.
Ledia, voy. Loudd.
Legrand d'Aussy, II n.
Le Huen (Nicolas), XLIV.
Leion, 45.
Lelevell (Joachim), II n.
Lengherand, II, XXVII n.
Léon (L'empereur), 19 n.
Leonardo III Tocco, 45 n.
Lepatus, voy. Palud (La).
Lescarperie, voy. Scarperia.
Lesina, XXXI, 34 n., 35.
Lespel, voy. Sospel.
Lestarme, voy. Escarène (L').
Liège (Evêque de), voy. Bourbon.
Liendis, voy. Lindos.
Liguri (Ile de), 32 n.
Limassol (Nymesson), 55 n., 56, 57, 104, 108.
Limeçon, voy. le précédent.
Limone Piemonte, 121 n.
Lindos, 113 n.
Listec, voy. Isère.
Livorno, 7 n.
Lizainne, voy. Lesina.

Longnon (M. A.), 18 n.
Loredan (Antonio), XXXIV, 41 n.
Loredan (Leonardo) (Doge), XXXV n.
Lorette (Sainte-Marie de), 116.
Lorgingue, voy. le suivant.
Lorgues, 121 n.
Loriol, 23 n.
Lorraine (Réné, duc de), VIII.
Lorto, voy. Loriol.
Loudd, 65 n.
Louis XI, XLI.
Louis (Saint), roi de France, 17.
Louis, roi de Hongrie, 32 n.
Louise de Lorraine, reine de France, XX.
Luc (Saint), 10.
Lusignan (Charlotte de), IX, X, XI, XV.
Lusignan (F. Estienne de), 55 n., 104 n., 105 n., 106 n.
Lusignan (Maison de), IX.
Luxembourg (Philippe de), évêque du Mans, III, IV n., XV, XXVIII, XXXIV, 26, 43.
Luzagnan, 10 n.
Lydda, voy. Loudd.
Lygorne, voy. Livorno.
Lymont, voy. Limone Piemonte.
Lyon, 4 n., 124.
Lyon (Saint), 47.

M

Macchabée (Judas), 91.
Mâcon, 124 n.
Mactance, voy. Magenta.
Maffio Girardi, patriarche de Venise, 13 n.
Magdalon (Château de), 92.
Magenta, 8 n.
Magnivacque (Jacques), XXII.
Mahomet (Le Prophète), 115.
Mahomet Ier, 36 n.
Mahomet II, IV, V, VII, XIII, XIV, 35 n., 36 n., 38 n., 39 n.
Majo (Le prieur), 32 n.
Malatesta (Pandolfo), 10 n.
Malipiero, VI, VII n., VIII n., XIV n., 22 n.
Mamelouks (Sultans), IX.
Mamelouks Djoulban (Les), XVII,
Mans (Evêque du), voy. Luxembourg (Philippe de).
Mansuetis (Léonard de), XXVI.
Marcelin (monnaie), 26, 27 n.
Marcelle (Sainte), 31.
Marcello (Doge Niccolò), 27 n.
Marco (D. Saverio de), 39 n.
Marengo, 9 n.
Marie l'Egyptienne, 90
Marie, fille d'Amédée, comte de Savoie, 7 n., 8 n.

Marie (La Vierge), 70, 71, 73, 75, 78, 79, 80, 83, 97, 116; (tombeau de), XXXVIII, 94,
Marie Magdeleine, 92, 93, 95.
Marquet (monnaie), 27 n.
Marseille, 122.
Martetingue, voy. Martinengo.
Marthe, sœur de Marie, 88, 92.
Martinengo, 9 n.
Mathurin (Saint), 4 n.
Matthias, roi de Hongrie, XII.
Matthieu (Saint), 10.
Matthieu (Saint), apôtre, 70
Maulx, 68 ; voy. Emmaüs.
Maxime (L'évêque), 81 n.
Maximianus Herculeus, 8 n.
Mazucco (mal di), V.
Médicis (Laurent de), VIII.
Meisner (H.), XXVI n.
Mekke (La), XVIII, XXII.
Melchisedech, XLV, 85.
Melik el Achref (Sultan), voy. Qait Bay.
Melik en Nassir Faradj, XXXV n.
Melun, 125.
Memmingen, XXVI, XXXII.
Mene, voy. Mèves.
Méniglaise (Marquis Godefroy), II n.

DES NOMS DE PERSONNES ET DE LIEUX 143

Mesdjid el Aqça, XVII.
Messih Pacha, XIII.
Mèves, 4 n.
Michel (Saint), 23.
Milan, XXXIII, 8, 9 n.
Milan (Duc de), VIII, voy. Sforza.
Milly, 3.
Modène, 119 n.
Modent, voy. le précédent.
Modon, XLIII, 46, 47, 53.
Mogal Bay, XXI n.
Moïse, 17.
Molins, voy. Moulins.
Moncenigo (Doge Giovanni), IX, 13 n.
Mondragon, 122, 123.
Montargis, 4
Montcenis, 124 n.
Montebello, 10
Montefiascone, 118 n.
Montélimar, 123.
Montemilian, voy. Montmellian.
Monterosi, 118.
Montferrat (Marquis de), 7, 8 n.
Montflacon, voy. Montefiascone.

Montjoie, 69 n.
Montmartre (Colline), XLII.
Montmellian, 5
Montrigaud, 123.
Mont-Saint-Vincent, 124.
Morango, voy. Marengo.
Morant, voy. Murano.
Morée (La), V, X, XIV, 45 n., 46.
Moret, 125.
Morlacca (Détroit de), 31 n.
Mornas, 122, 123 n.
Morte (Mer), 90, 91.
Mouçallebèh (Eglise du couvent de), 84 n.
Moudjir eddin, XVI, XX, XXI, 66 n., 87 n.
Moulins, 4.
Moyses (Juif, prisonnier à Venise), 27.
Münchdorf (Wolfgang von), XXVI n.
Murad (Sultan), 36 n.
Murano, XXXV, 18 n., 20 n., 28.

N

Nabal, 122.
Nailhac (Philippe de), XXXV n.
Nans, 122 n.

Napole, 48.
Nargice, voy. le suivant.
Narni, 117 n.

Nassereit, XXXI n.
Nassir eddin Mohammed ibn Eyyoub, XVIII, XIX.
Nathalie, voy. Anatolie.
Naugerius (And.) X n., XI, XII n.
Navagero, voy. le précédent.
Navoyre, voy. Novare.
Nazare (Saint), 8.
Nazarit, voy. Nassereit.
Nazir (Le), XXIV.
Neby Samouyl (Village de), 68 n.
Nemours, 4 n.
Nestoriens, 73.
Nevers, 4.
Nice, 121.
Nicodème, 95 ; — (maison de), 63 n.
Nicomédie, 65 n.
Nicosie, XII, XXIX, 56, 105, 106.
Nicosie (Archevêque de), X.
Nogent-sur-Vernisson, 4 n.
Nona, 31.
Notre-Dame (Chapelle de), à l'église du St-Sépulcre, 96.
Notre-Dame (Eglise de), à Bethlehem, 81.
Notre-Dame (Tombeau de), voy. Marie.
Notre-Dame de Caconsel, voy. le suivant.
Notre-Dame de Gazopoli, 40 n.
Notre-Dame de la Caritas, voy. Santa Maria della Carita.
Novare, 7 n., 8.
Nove, voy. Nona.
Noves, 122 n.
Nymesson, voy. Limassol.

O

Oliviers (Mont des), 72, 75, 77, 78, 85, 86, 88, 93, 94.
Omar (Mosquée d'), XXXVI.
Orange, 122.
Orbini (Don Mauro), 35 n., 36 n.
Orgon, 122.
Orseolo (Giovanni), 18 n.
Orseolo (Pietro), 34 n.
Othon (L'empereur), 20 n.
Otrante, XIII, XIV, 22 n., 39 n.
Otricoli, 117 n.
Ourtas, 66 n.
Ouzoun Hassan, 107 n.

P

Padoue, 10, 11, 12, 15; — (canal de), 28; — (vin de), 25.
Pagani, 48 n.
Paglia, 118 n.
Paillie (La), voy. le précédent.
Paléologue (Constantin), 46 n.
Palestine, voy. Terre Sainte.
Palme, voy. Parme.
Palud (La), 123 n.
Paoli, XIII n.
Paphos, voy Baffo.
Parence, Parenzo, XXVII, XXXI, 29, 31.
Paris, III, XL, XLI, XLII, 3, 11, 12, 15, 38, 125.
Parme, 119 n.
Parquacradenon, voy. Piano di quarto.
Participazio (Giustiniano), 19 n.
Participazio (Orso), 12 n.
Pasman (Ile de), 33 n.
Patras, 46.
Paul (Saint), 49, 52, 108, 115.
Pernisiis de Vecheria (Francesco de), 107 n.
Perse (La), 107 n.
Pesaro, 116 n.
Peschiera, 10 n.
Pescro, voy. Pesaro.

Pesquaire, voy. Peschiera.
Philarme, voy. le suivant.
Philérémos (Notre-Dame de), 110 n.
Philippe le Bon, duc de Bourgogne, II, III, XLIII, 63 n., 71, 81, 114.
Piano di quarto, 120 n.
Picards (Les), XXXIII.
Pie II, 82 n.
Piémont, 6.
Pierre (Saint), 31, 61, 65, 72, 78.
Pierre le Martyr (Saint), 8.
Pierrelacle, voy. le suivant.
Pierrelatte, 123 n.
Pietro Luccari (P. J. Giac. di), 36 n.
Pignerol (Pinerolo), 7 n.
Pilate, 76, 77, 86.
Piolenc, 122 n.
Piolin (Dom), IV n.
Pirlant, voy. Piolenc.
Plain (Tour du), voy. Tour-du-Pin (La).
Plaisance, 119 n.
Pola, 30.
Ponchoul, voy. Pozzuolo Martesana.

Ponctoyr, voy. Pontoglio.
Pont-de-Beauvoisin, 5.
Ponte Centeno, 118 n.
Ponte Currone, 120 n.
Pontevez (François de), 121 n.
Pontoglio, 8 n.
Pontqueron, voy. Ponte Currone.
Pont Satour, voy. Ponte Centeno.

Potvin (M.), II n.
Pouille (La), XIII, XIV, 22 n., 39 n., 40.
Pozzuolo Martesana, 9 n.
Premarino, 46 n.
Pretezalo (Stretto di), 31 n.
Prothais (Saint), 8.
Pussoni (Pietro), 18 n.

Q

Qait Bay (Sultan Melik el Achref), XIX, VI, XVIII, XX, XXI, XXII, 81 n.
Qariat el Anab, 68 n.

Qariathiarim (Qariat Jearim), 68n.
Quarantaine (Mont de la), 91.
Quaresmius, 63 n.
Quirini (Francesco), 38 n.

R

Rachel (Tombeau de), 81.
Raguse, XXVII, XLIII, 35-38, 41, 49.
Rama, voy. Ramlèh.
Ramatha, 68, 69, 98.
Ramlèh, XXIII, XXXV n., XXXVI n., XLIII, 57, 62-64, 66 n., 67, 98-101.
Ravenne, 116 n.
Razzi (F. Serafino), 36 n.

Recanati, 117 n.
Recours, voy. Ricorsi.
Rege, voy. le suivant.
Reggio, 119 n.
Regnault (Antoine), XLI.
Reinhard (J. P.), X n.
Resmiers, voy. Rivera.
Reveur, voy. Ravenne.
Rhodes, XIII, XIV, XXIX, XXX, XLIII, 42, 44, 52, 53,

107, 110, 113-115.
Rhodes (Chevaliers de), XIII n., XXXI, XXXV n., 84, 107, 112 n., 113 n.
Rialto (Le), XLII, 15, 17. 18 n., 27.
Ricorsi, 118 n.
Riva di Brea (Famille des), 7 n.
Rivera, 7 n.
Rivoli, 7 n.
Rivolles, voy. le précédent.
Roanne, 4.
Robert, voy. Rubbiera.
Roches (Albert des), XLI.
Rogarie, voy. Voghera.

Rœhricht (M. R.), XXVI n.
Rolongeatte, 7.
Romanin (S.), XIII n.
Romans, 123.
Rome, VIII, XXVI, 20, 76, 116, 117.
Ronciglione, 118 n.
Rossillon, voy. le précédent.
Rouane, voy. Roanne.
Rouen, 16.
Roumélie, III.
Roux de Plaisance (Frère François), XXI n.
Rubbiera, 119 n.

S

Saba (Reine de), 77.
Sainct-Ambroyse, voy. San Ambrogio.
Sainct-Cene, voy. San Casciano.
Sainct-Clerico, voy. San Quirico.
Sainct-Damyen, voy. San Damiano.
Sainct-Donast, voy. San Donato.
Sainct-Mathurin de Larchant, voy. Larchant.
Sainct-Michel de Estoille, voy. Saint-Michel-de-l'Ecluse.
Saint-André, 5 n.
Saint-Andry (Chapelle de), 36.

Saint-Antoine (Hôpital), 7.
Saint-Antoine en Viennois, 123.
Saint-Bernard (Mont), 8.
Saint-Bris, 124.
Saint-Clément (Chapelle de), 32.
Sainte-Baume (La), 122 n.
Sainte-Catherine (Couvent de), XXIX, XXXV n.
Sainte-Croix (Église de), à Jérusalem, 84.
Sainte-Hélène (Église de), à Venise, 19 n.
Sainte-Hélène (Gouffre de), 102.
Sainte-Lucie (Égl. de), Venise, 18.

TABLE ALPHABÉTIQUE

Sainte-Marie (Ilot de), à Curzola, XXXIV.
Sainte-Pélage (Église de), à Jérusalem, 79.
Saint-Etienne (Porte), à Jérulem, 77.
Saint-Germain des-Prés (Église de), 94.
Saint-Jean (Chevaliers de), 84; voy. Rhodes.
Saint-Jean (Église de), à Rhodes, 114.
Saint-Jean (Hôpital), XXXVI, 84.
Saint-Jean-d'Acre, XXXVIII.
Saint-Jean-de-Maurienne, 5.
Saint-Julien (Religieux de), 18 n.
Saint-Laurent, voy. San Lorenzo.
Saint-Lyon (Chapelle de), 34.
Saint-Marc (Église de), à Jérusalem, 79; — à Venise, 12, 14, 17, 19, 20 n., 22, 23, 81.
Saint-Maximin, 121.
Saint-Michel, 5.
Saint-Michel-de-l'Ecluse, 6 n.
Saint-Nicolas (Château de), à Venise, 25, 29.
Saint-Nicolas (Tour de) à Rhodes, 114, 116.
Saint-Pierre (Cathédrale de), à Venise, 12; — (Église de), à Trente, 28 n.
Saint-Pierre-le-Moustier, 4.
Saint-Pourcin, 4.

Saint-Sabbe (Couvent de), 88.
Saint-Sépulcre (Le), XVII, XXXV n., XXXVI n., XXXVII n., XLII. 73-75, 84, 86, 93, 94, 95.
Saint-Sépulcre (Confrérie du), XL, XLI.
Saint-Severin, voy. San Severino.
Saint-Symphorien d'Ozon, 123 n.
Saint-Zacharie, à Venise, 15, 18, 19 n.
Salasco (Salasque), 7 n.
Salines (Port de), voy. Larnaca.
Salomon (Le roi), 71, 77; - (Temple de), 86.
Salon, 122.
Saluggia (Saluge), 7 n.
Samaritaine (La), 17.
Sambron, voy. Lambrate.
Samuël (Le prophète), XXXVI n., 68.
San Ambrogio, 6 n.
San Casciano, 119 n.
Sancto Brascha, III, V, XXXIII-XL, 41 n., 44 n., 52 n., 62 n.
San Damiano, 120 n.
San Donato di Certaldo, 119 n.
San Lorenzo Nuovo, 118 n.
San Quirico, 118 n.
San Severino Marche, 117 n.
Sansovino, 12 n., 19 n., 20 n., 23 n.
San Stefano (Ile de), 32 n.

Santa Maria de' Crocicchieri (Eglise de), à Venise, 18 n.
Santa Maria della Carità, 20 n.
Santa Maria Gloriosa (Eglise de), à Venise, 16.
Sant Bay en Nahhassy (Emir), XVIII.
Saorgio, 121.
Sarrazins (Les), XXII, 56, 58-67, 70, 71, 74, 75, 79, 85, 94, 99, 100, 101 ; voy. Turcs.
Sarre, voy. Grand-Serre.
Sarzere (Ile de), 31.
Sathalie (Gouffre de), 53, 54 ; — (Ile de), 54.
Saulieu, 124.
Savoie (La), 5.
Savoie (Maison de), 7 n., 8.
Savoie (Jean-Louis de), évêque de Genève, III, XV, XXVIII, XXXIV, 26, 43.
Savoie (Louis de), X.
Sacarpanto (Ile de), 53.
Scarperia, 119 n.
Schmid (Felix), voy. Faber.
Scutari, IV, V, 36 n., 38 n.
Senac, voy. le suivant.
Senas, 122 n.
Sens, 124.
Senys (Mont), voy. Cenis (Mont).
Serbie (La), III.
Sforza (Famille des), 8 n., 118 n.
Sforza (François), 9 n., — (Ludovic), III, XXXIII, 39 n.

Sibay, gouverneur de Gazza, 66 n.
Sienne, XIV, 118 n.
Sigismond de Hongrie, 30 n.
Siloé (Val de), 73, 80, 88.
Siméon (Saint), 32, 80.
Simon (Beatus martyr), 28.
Simon le Cyrénéen, 76, 86.
Simon le Pharisien (Maison de), 86.
Simplicien (Saint), 8.
Sinaï (Mont), XXIX, XXXVIII.
Sinthery, 38, voy. Scutari.
Sion (Couvent du mont de), XVII, XXI, XXIV, XXXIV, XXXV n., XXXVI, XXXVIII, XLII, XLIII, 59, 69, 70, 75, 82, 88, 98, 99.
Sion (Mont de), 71, 72, 80.
Sixte IV, VIII, IX, X, XXVI.
Solero, 120.
Solta (Ile de), 32 n.
Sorango (Jacopo), XII, 36 n. — (Vittore), XIV, XV, XXVIII, XXXIV, 41 n.
Sospel, 121.
Spoleto, 117 n.
Spon, IV n.
Stalimène (Ile de), V.
Stea, voy. Stra.
Stefan, roi de Bosnie, 35 n.
Stefano (Comte), 38 n.
Stein (Georg von), XXVI, XXX, XXXI.
Stra, 11 n.

Stridone (Frà Paolo da), XXXIV.
Surien (Frère François), XXIV.
Suse, 6.
Syrie (La), II, III.

T

Tabita, 61.
Taghry Berdy (Emir), 54 n.
Tarare, 4.
Tarasius (Saint), 19 n.
Tartarie, 16.
Tassini (Dr G.), 22 n.
Temim ed Dary (Famille de), XVI.
Tenda, 121 n.
Terni, 117 n.
Terre Sainte (La), XVI, XVII-XX, XXVI, XXXIV, 57, 58.
Tessin (Rivière), 8 n.
Théodore (Saint), 19, 23 n.
Thévet (André), XLI n.
Thironyn (Fontaine de), 68.
Thomas (Saint), 72, 78.
Titus (Saint), 49.
Tobler (T.), XXVII n., XL n.
Togny, 106 n.
Tomacelli (Giovanni), 59 n.
Torriani (Famille des), 9 n.
Tortone, 120.
Tour-du-Pin (La), 4 n.
Trente, XXXI, 28.
Treviglio, 9 n.
Trévise, XXXI.
Trevy, voy. Treviglio.
Trigolle, voy. Otricoli.
Trivium, carrefour à Jérusalem, 76.
Tucher (J.), XXXV n., 24 n., 63 n.
Turcs (Les), III, VI, XIV, XV, XXIX, XXX, 2, 21, 35, 36, 38, 40-42, 45-47, 52-54, 56, 88, 107, 108, 111, 113, 115, 116.
Turin, 7, 26 n.
Tyrol (Le), XXVI, XXXI n.

U

Ughellus (Ferd.), 30 n.
Ugliano (Ile d'), 33 n.

Ulm, XXV, XXXII.

V

Val (Le), 121.
Valence, 123.
Valona (Vallone), XIV, XXVII, 22 n., 39.
Varennes, 4.
Veglia (Ile de), XII, XIII.
Venier di Candia (Marco), XI, XII, 15 n.
Venise (Seigneurie de), III, VIII, IX, XI-XV, 9, 15, 21, 24, 34 n., 38 n., 43.
Vénitiens (Les), X, 9 n., 20, 22, 30 n., 32 n., 38, 39, 41, 42, 46 n., 48, 52, 53 n., 56, 107.
Venise (Ville de), VI, VII, XXVII, XXVIII, XXXI, XXXIII, XXXIV, XLIII, 11-29, 49, 62, 81, 87, 116.
Vénus (Temple de), dans l'île de Chypre, 56.

Vercelli (Verceil), 7, 8.
Vérone, 10.
Véronique (Sainte), 75, 86.
Verpillière (La), 4.
Vetrano (Ludovico), 46 n.
Vicence, 10 n.
Vienne en Dauphiné, 123.
Villaines, voy. Avigliana.
Villamont (Jacques de), XLI n.
Villardin-Bourget, 5 n.
Villefranche, 124.
Villeneuve, 4.
Villeneuve-sur-Yonne, 124.
Vincente, voy. Vicence.
Visconti (Famille des), 8 n., 9 n.
Viteper, voy. le suivant.
Viterbe, 118 n.
Viviers (Evêque de), 123 n.
Voghera, 120 n.
Vuf (Chrétien), 105.

W

Webb (John), I n.
Wright (Thomas), II n.

Würzbourg (Jacques de), XXVII. n.

Y

Yazour, 62 n.
Yechbek (le grand Devadar), XX-XXIV, XXXV n.

Yechbek el Alay, XVI.
Ypres, 105.

Z

Zacharie (Saint), 19, 83.
Zacharie (Tombeau de), 80.
Zachée, 89.
Zante (Ile de), 45.

Zara, 31, 32.
Zorobabel (Temple de), 80.
Zurich, XXV.

TABLE DES MATIÈRES

INTRODUCTION.	1
LE VOYAGE DE LA SAINCTE CYTÉ DE HIERUSALEM .	1
Prologue.	1
Le partement de Paris pour aller en la saincte cité de Hierusalem	3
Savoie.	5
De la riche cité de Venise.	11
De la chapelle Sainct Marc somptueusement édiffiée.	12
De la grande cité de Raguse	36
De la ville de Candie	49
De la ville de Rame.	67
De la saincte cité de Hierusalem	69
Du Sainct Sepulchre de Nostre Seigneur	73
Du retour du voyage de la Terre Saincte, tant par mer que par terre, jusques à la ville de Paris, cité capitale du royaulme de France.	98
TABLE ALPHABÉTIQUE.	131
TABLE DES MATIÈRES .	153

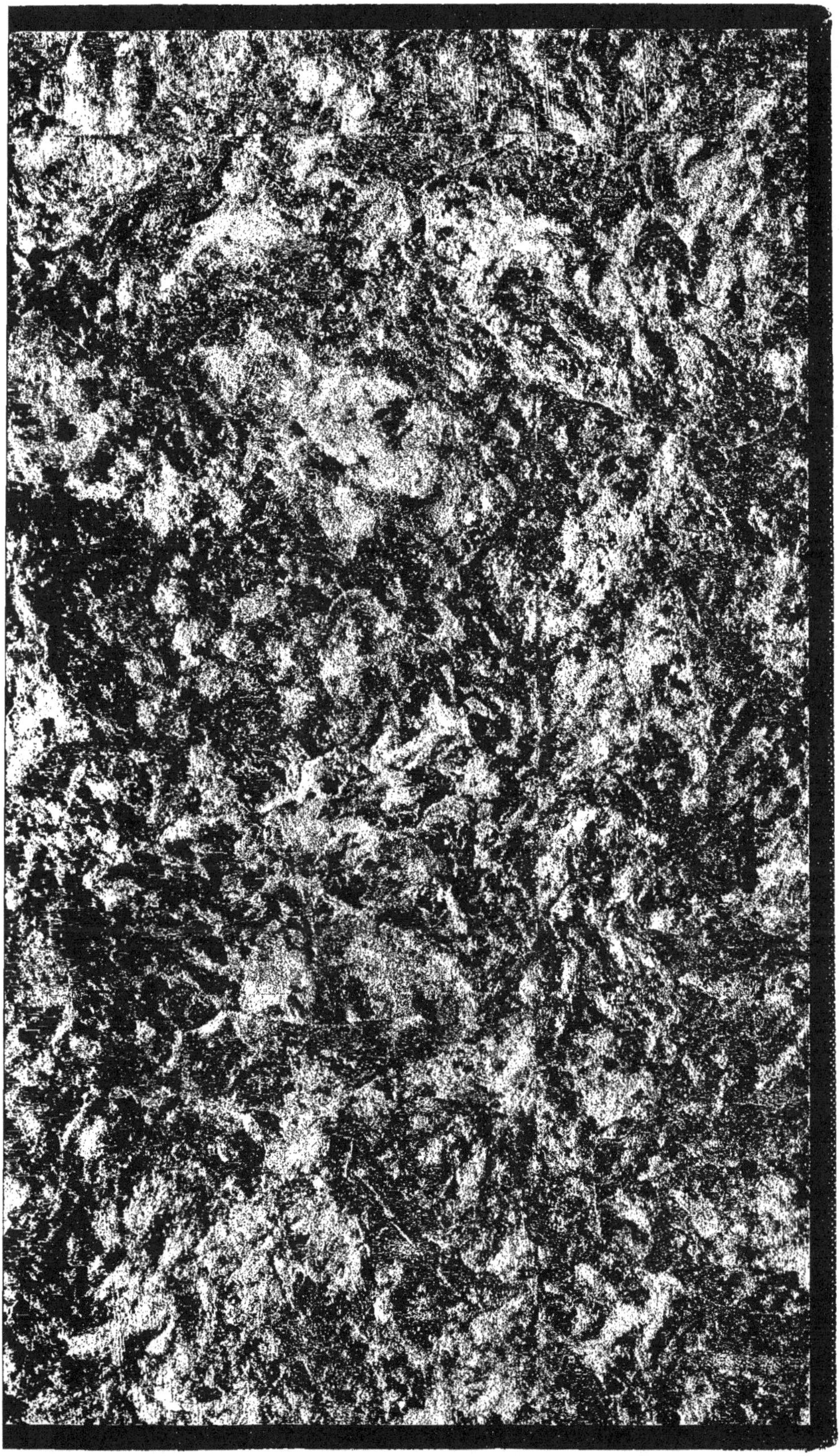

www.ingramcontent.com/pod-product-compliance
Lightning Source LLC
Chambersburg PA
CBHW051920160426
43198CB00012B/1968